世界哲學家叢書

梅 里 葉

李 鳳 鳴 著

1999

東大圖書公司印行

國家圖書館出版品預行編目資料

梅里葉／李鳳鳴著． -- 初版 . -- 臺北
市：東大，民88
　　面：　公分． --（世界哲學家叢書）
參考書目：面
含索引
ISBN 957-19-2279-X（精裝）
ISBN 957-19-2280-3（平裝）

1.梅里葉（Meslier, Jean, 1664-1729）
學術思想-哲學

146.79　　　　　　　　　　　88002510

網際網路位址　http://www.sanmin.com.tw

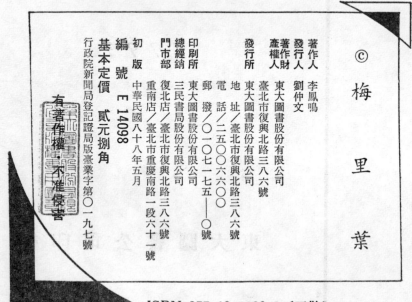

© 梅 里 葉

著作人　李鳳鳴
發行人　劉仲文
產權人財
著作財
發行所　東大圖書股份有限公司
　　　　地址／臺北市復興北路三八六號
　　　　電話／二五〇〇六六〇〇
　　　　郵撥／〇一〇七一七五--〇號
印刷所　東大圖書股份有限公司
總經銷　三民書局股份有限公司
門市部　復北店／臺北市復興北路三八六號
　　　　重南店／臺北市重慶南路一段六十一號
初版　中華民國八十八年五月
編號　E 14098
基本定價　貳元捌角
行政院新聞局登記證局版臺業字第〇一九七號

有著作權·不准侵害

ISBN 957-19-2280-3（平裝）

「世界哲學家叢書」總序

　　本叢書的出版計畫原先出於三民書局董事長劉振強先生多年來的構想，曾先向政通提出，並希望我們兩人共同負責主編工作。一九八四年二月底，偉勳應邀訪問香港中文大學哲學系，三月中旬順道來臺，即與政通拜訪劉先生，在三民書局二樓辦公室商談有關叢書出版的初步計畫。我們十分贊同劉先生的構想，認為此套叢書（預計百冊以上）如能順利完成，當是學術文化出版事業的一大創舉與突破，也就當場答應劉先生的誠懇邀請，共同擔任叢書主編。兩人私下也為叢書的計畫討論多次，擬定了「撰稿細則」，以求各書可循的統一規格，尤其在內容上特別要求各書必須包括（1）原哲學思想家的生平；（2）時代背景與社會環境；（3）思想傳承與改造；（4）思想特徵及其獨創性；（5）歷史地位；（6）對後世的影響（包括歷代對他的評價），以及（7）思想的現代意義。

　　作為叢書主編，我們都了解到，以目前極有限的財源、人力與時間，要去完成多達三、四百冊的大規模而齊全的叢書，根本是不可能的事。光就人力一點來說，少數教授學者由於個人的某些困難（如筆債太多之類），不克參加；因此我們曾對較有餘力的簽約作者，暗示過繼續邀請他們多撰一兩本書的可能性。遺憾的是，此刻在政治上整個中國仍然處於「一分為二」的艱苦狀態，加上馬列教

條的種種限制，我們不可能邀請大陸學者參與撰寫工作。不過到目前為止，我們已經獲得八十位以上海內外的學者精英全力支持，包括臺灣、香港、新加坡、澳洲、美國、西德與加拿大七個地區；難得的是，更包括了日本與大韓民國好多位名流學者加入叢書作者的陣容，增加不少叢書的國際光彩。韓國的國際退溪學會也在定期月刊《退溪學界消息》鄭重推薦叢書兩次，我們藉此機會表示謝意。

原則上，本叢書應該包括古今中外所有著名的哲學思想家，但是除了財源問題之外也有人才不足的實際困難。就西方哲學來說，一大半作者的專長與興趣都集中在現代哲學部門，反映著我們在近代哲學的專門人才不太充足。再就東方哲學而言，印度哲學部門很難找到適當的專家與作者；至於貫穿整個亞洲思想文化的佛教部門，在中、韓兩國的佛教思想家方面雖有十位左右的作者參加，日本佛教與印度佛教方面卻仍近乎空白。人才與作者最多的是在儒家思想家這個部門，包括中、韓、日三國的儒學發展在內，最能令人滿意。總之，我們尋找叢書作者所遭遇到的這些困難，對於我們有一學術研究的重要啟示（或不如說是警號）：我們在印度思想、日本佛教以及西方哲學方面至今仍無高度的研究成果，我們必須早日設法彌補這些方面的人才缺失，以便提高我們的學術水平。相比之下，鄰邦日本一百多年來已造就了東西方哲學幾乎每一部門的專家學者，足資借鏡，有待我們迎頭趕上。

以儒、道、佛三家為主的中國哲學，可以說是傳統中國思想與文化的本有根基，有待我們經過一番批判的繼承與創造的發展，重新提高它在世界哲學應有的地位。為了解決此一時代課題，我們實有必要重新比較中國哲學與（包括西方與日、韓、印等東方國家在內的）外國哲學的優劣長短，從中設法開闢一條合乎未來中國所需

求的哲學理路。我們衷心盼望，本叢書將有助於讀者對此時代課題的深切關注與反思，且有助於中外哲學之間更進一步的交流與會通。

最後，我們應該強調，中國目前雖仍處於「一分為二」的政治局面，但是海峽兩岸的每一知識分子都應具有「文化中國」的共識共認，為了祖國傳統思想與文化的繼往開來承擔一分責任，這也是我們主編「世界哲學家叢書」的一大旨趣。

傅偉勳　韋政通

一九八六年五月四日

自 序

　　梅里葉當了一輩子神父，臨終卻留給世界一部反宗教神學的無神論巨著，這樣離奇的事情在西方哲學史上絕無僅有，僅憑這一點就夠吸引人的了。我正是懷著這種好奇心於七〇年代開始接觸梅里葉唯一的著作《遺書》的，當時還寫了一兩篇文章。此後一放就是四分之一個世紀。雖然始終沒忘深入鑽研《遺書》的初衷，卻又遲遲未能動手。除為他事分心之外，《遺書》常常讓人讀不下去也是一個重要原因。《遺書》誠然是一部內容豐富、思想深刻的巨著，但是梅里葉是臨終前又面臨喪失視力的情況下秘密地匆忙撰寫的，洋洋灑灑三大卷，卻不分章節，想到哪裏寫到哪裏，雖然段落間也有一二三的序號，談論的內容也緊扣反對宗教迷誤、反對封建壓迫的主題，卻離結構嚴謹、眉目清楚的要求太遠，常常是有「第一」找不到「第二」，同一個問題分幾處談起，重覆、拖沓、單調等毛病很多。伏爾泰就曾評論《遺書》「艱澀難讀」、「過於冗長，過於枯燥」、「這本書不管內容多麼出色，畢竟使人有點厭倦，它的單調會使讀者感到不耐煩」等等。這一次我也是「痛下決心」才把《遺書》再讀下去的。畢竟時代不同了，現代讀者早已失去二百五十年前封建專制和宗教審判威脅下法國人冒險偷閱這部禁書的興趣，如果不是出於學術研究的需要，誰也不會有耐心再「啃」它了。但是《遺書》

又是這樣一部重要著作，梅里葉當年的議論具有永久的歷史價值，所以我在寫作本書時，在有些段落，有意多摘引幾句或復述了梅里葉的議論，這也算是附帶為現代讀者提供一點方便吧。

評析梅里葉的思想和著作涉及十八世紀法國啟蒙運動和西方早期社會主義思想史，這兩個學術領域恰恰又是我的專長，因此作者自信奉獻給讀者的這本《梅里葉》可以再現一個真實豐滿的、常常被某些現代西方哲學史著作忽略的哲學家梅里葉。

李鳳鳴
一九九八年九月於北京中國社會科學院

梅里葉

目　次

第一章　讓·梅里葉及其生活的時代

在法國，十八世紀被譽為哲學家世紀。活躍在這個世紀的眾多著名哲學家中，恐怕沒有誰的命運比讓·梅里葉 (Jean Meslier, 1664–1729)更為奇特。他蟄居窮鄉僻壤，終生默默無聞，辭世之後卻以其遺作震撼了法國思想界，並且開創了法國哲學的新時代；他本是一個地位卑微的鄉村神父，按部就班為教會和鄉民服務一生，死後卻以其留下的幾大本筆記向宗教和教會發動了猛烈進攻，成為十八世紀法國啟蒙運動衝擊天主教會神權統治的先鋒；他生前循規蹈矩，謹言慎行，為人溫和，淡泊名利，遺著中卻憤怒痛斥嚴重的封建壓迫和社會不平等現實，大聲疾呼用人民革命的狂風暴雨掃蕩天主教會和封建王朝的黑暗統治，像火山爆發一樣噴發出被壓迫的法國農民和其他勞苦大眾心中積鬱的怒火。

讓·梅里葉 1664 年出生於法國貧瘠偏僻的香檳省馬澤爾尼村一個亦工亦農的手工毛紡織工匠家庭。他的姓氏Meslier是當地一種叫「洋山楂」的果樹的俗稱，這種樹結的果實又酸又澀。不過梅里葉姓氏在香檳省並不勢孤力單。這個姓氏在首府里姆(Rheims)大教堂的墓誌銘上屢見不鮮，讓·梅里葉的遠房本家中，有不少神職人員。看來這種農民兼神父的生涯是梅里葉家族世代因襲的傳統。這種傳統顯然影響了讓·梅里葉的人生之路。

在梅里葉的家鄉，農民靠土地不能維持溫飽，幾乎家家從事粗羊毛紡織副業，替採購商幹活。梅里葉的父親擁有一個鄉村毛紡織作坊，生產羽紗，這是他的專業，但並沒有完全放棄農耕，因為他還有一些地產。有一張1687年2月13日簽署的贈產證書保存至今。那是梅里葉的父親親自簽署的將馬澤爾尼村的房屋連同宅旁土地送給兒子讓·梅里葉的文件，同時附有本村神父的證詞。那時候讓正在宗教學校讀書，要想嗣後出任神父，必須具備最低限額財產資格，贈產證書正是為此簽署的。

梅里葉少年時代從教區神父那兒接受初等教育，後入里姆教區的宗教學校深造。當神父是封建時代法國農民擺脫無權命運的一條出路，何況家族早已有此傳統，所以梅里葉的父母決心安排自己的孩子出任聖職。半個世紀以後，梅里葉在自己的著作中曾回憶說：

> 在我年輕的時候，人們勸我接受聖職。我的父母很願意看到我有這個身份。他們認為這個身份比一般人的境遇要安靜些、太平些、受人尊重些。為了不使父母難過，我擔任了這個職務。❶

在里姆宗教學校，梅里葉埋頭讀書，攻讀拉丁文和教士必讀的神學著作，並被逐級提升，21歲時是教堂輔禮員，22歲時是誦經士，第二年又擔任教堂助祭。1687年梅里葉從里姆宗教學校畢業，被授予神父教職。1689年他被委派負責香檳省埃特列平低級教區的宗教事務。這個鄉間小教區包括只有150戶人家的埃特列平和附近更小的

---

❶ 梅里葉：《遺書》第一卷，中文版，陳太先、睦茂譯，北京商務印書館1959年版（下同），頁12。

巴列夫兩個村莊。但是對於一個農民和鄉村織工的子弟來說，得到
這樣一個神職職位已是相當幸運的了。梅里葉終於實現了他的父母
的期盼，有了高於農民的身份，有了有保證的收入，生活遠遠高出
普通農民的水平。以居住條件為例，1695年國王頒佈敕令，規定教
民責無旁貸地應向本教區神父提供符合其身份之住所，要有兩個帶
壁爐的房間，一個作餐廳，一個作臥室，以及書房、廚房和穀物貯
藏室，並有相應的水井、廁所、雜物堆放庫和地窖。如果所轄教區
地面較大，還得增加一個能養一、二匹馬的馬廄。雖然國王的敕令
各地未必不折不扣地執行，但是鄉村神父可以得到較好的住房是毫
無疑問的。

　　埃特列平村與梅里葉出生的馬澤爾尼村相距10到12公里。年方
25歲的梅里葉幾乎是在故居門口當上了神父。此後40餘年，他一直
住在這個偏僻的鄉村，與他的幾百名鄉親教徒和諧相處。在當時當
地，教權與政權合二而一，鄉村小教區實際上又是世俗的社區，神
父在做彌撒或佈道的時候，還兼作宣讀政策法令、規章制度、各種
涉及變賣或者繼承財產的通知或判決等事。神父還負責執行遺囑，
辦理出生、結婚、死亡登記，主持各種儀式、聚會和審判。例如前
述梅里葉的父親簽署「贈產證書」，將馬澤爾尼村的房屋和宅旁園
地送給兒子這一世俗司法文件，不僅附有本村神父的證詞，而且證
詞中明白申明：本村神父「已按規定」在連續三個禮拜天的期限內，
在本教區教堂做彌撒時宣讀了此一文件，認可讓‧梅里葉的繼承
權。

　　神父在村民中既有如此地位和權威，不肖之徒欺壓農民、魚肉
鄉里自然無法避免。在梅里葉開始擔任埃特列平小教區神父整整一
個世紀之後，即1789年大革命爆發前夕法國舉行三級會議代表選舉

的時候，各地的鄉村教區農民向巴黎提交了大量請願書和陳情書，從彙編起來的這些歷史文件中，人們可以看到農民斥責貪婪的神父的陳辭是多麼沉痛、哀怨和憤怒，對遍佈全國的這些勒索者、吸血鬼和偽善者多麼深惡痛絕。但是讓・梅里葉與他的這些同僚截然不同。他在自己的遺著中對他的教民說：

> 我從來沒有沾染過像我的大多數同行那樣的作風，他們是一群貪心的傢伙，總想利用自己的荒謬職務來騙取別人很多的錢財。
>
> ……
>
> 我對你們的苦難是十分敏感的。你們也可以看到，我不重視教堂做禮拜的酬金，常常做禮拜而不要別人的酬金，雖然本來可以要求酬金的。我從不追求優厚的進款，從不參加宴會或接受禮物。如果我能順從自己的心願，那我寧願施與，而不想收受。❷

後來，梅里葉傳記作者之一馬雷沙爾(Maréchal, 1750–1803)也說：

> 在他的一生中，他成年累月地為貧苦的教民服務，他自己只滿足於享用一小部分，而把他所節餘的錢財全部送給了別人。❸

---

❷ 同❶，頁12–13。

❸ 馬雷沙爾：《無神論者辭典》(*Dictionnaire des Athées*)1853，頁176。

　　安份守己的梅里葉做他應該做的禮拜，過他合乎禮儀的生活，對農民不巧取豪奪，還盡力幫助窮人，自然受到他的教民的擁戴。他是他的鄉親們的朋友，他參與他們的日常生活，他按教會規定聽他們的懺悔，瞭解他們的痛苦、希望和要求。這一切為他的哲學和政治思想的形成奠定了深厚的社會基礎。

　　讓‧梅里葉的教職終生未變。鄉村神父平靜的生活中很少波瀾。據現代梅里葉研究者的考證，有關梅里葉的第一部傳記是他的朋友律師列羅撰寫的，這部題為《讓‧梅里葉生平簡述》的匿名著作大約在梅里葉逝世十幾年後開始以手抄本形式流傳。作者對梅里葉懷著同情、尊敬和善意的態度，對他的思想不加評論，但可以看出作者對梅里葉中、晚年的境況十分熟悉，為人們提供了梅里葉個人生活中發生的幾件事實，這是後世對梅里葉生平僅有的瞭解。

　　在敘述梅里葉平凡的生平中發生的不平凡事件之前，應該首先向讀者交待一下梅里葉所處大的社會環境和時代特徵。

　　讓‧梅里葉生活在著名的路易十四(Louis XIV, 1638–1715)和路易十五(Louis XV, 1710–1774)兩位法國國王在位期間，正值法蘭西帝國盛極而衰的歷史轉折時期。

　　古老的法蘭西經中世紀漫長的封建割據和天主教會神權統治，到了十六世紀，隨著資本主義生產關係的產生和發展，傳統的封建秩序發生變化，在一部分貴族和力量不斷壯大的市民階級的支持下，王權得到加強，地方割據勢力被削弱，建立起以國王為首的中央集權體制，法國歷史進入封建君主專制時期。十七世紀後半葉路易十四執政時，法國空前強盛，稱霸歐洲，封建專制制度發展到頂峰。

　　路易十四史稱「太陽王」，是法國歷史上最負盛名的君主。他1643年時年5歲登基，在位七十二年，親政五十五年。1661年親政

以後，路易十四採取獨攬大權的措施，宣稱「朕即國家」，依靠羅馬天主教會的支持，打擊和削弱與其爭權的地方貴族和高等法院的法官勢力，強化國家機器，親自主持國務會議，聽取大臣的報告，簽署一切國事公文，向各省派駐握有財政、司法、行政和軍事大權的官吏，親自任命各城市的官員，實行高度集權統治。

路易十四任命柯爾伯(Colbert, 1619–1683)為財政總監，積極推行重商主義政策，開闢生財之道，力求增加國家經濟實力。為此，專制政府採取了一系列有力措施，一方面改善稅收制度，增加國庫收入，一方面舉辦大規模手工工場，開鑿運河，修築道路，取消一部分國內關卡，降低商品稅率，獎勵工業生產，設立許多專利特許貿易公司，建立龐大艦隊供軍事和貿易使用，並積極參加西歐各國掠奪海外殖民地的競爭。推行重商主義政策的結果，法國不但有了規模宏大的王家手工工場，而且民間也建立了肥皂廠、冶煉廠、造船廠、火藥廠、兵器廠、紡織廠、織毯廠、工具廠、車輛廠等各業手工工場，法國仿製的威尼斯式鏡子和花邊、英國式襪子、荷蘭式呢絨以及德國式銅器等，暢銷歐洲各國。重商主義力爭對外貿易順差，柯爾柏創立的享有壟斷特權的東印度公司、西印度公司、北方公司、中東公司、近東公司等對外貿易公司，加強了王國政府與各法屬殖民地的聯繫。當時法國的殖民地包括加拿大、阿卡地、紐芬蘭、密西西比河流域、路易斯安娜、安的列斯群島、圭亞那、塞內加爾、波旁島、馬達加斯加、印度的本地治理和昌德納戈爾等美洲、非洲和亞洲廣大地區。

以經濟實力為後盾，路易十四建立起歐洲最強大的海陸軍。1667年法國陸軍不過七萬二千人，1703年達到四十萬，包括擁有四萬七千匹戰馬的騎兵和訓練有素的大量砲兵。海軍有戰艦兩百多艘，

以敦刻爾克、瑟堡、羅升福、布雷斯特、土倫等良港為基地，把觸角伸向世界各地。

然而盛極而衰。法國在路易十四長期專制統治的表面強盛之下，社會矛盾逐漸積累和日益惡化，君主專制制度開始沒落，進入十八世紀以後，更面臨經濟、政治和思想文化領域的全面危機。

法國本是一個農業國家，農業是封建經濟的基礎。但是到了十八世紀，在專制王朝、封建領主和教會僧侶的重重盤剝之下，法國的農業形勢十分險惡。特別是貴族和僧侶兼併土地造成嚴重惡果。土地大量集中，農民負擔沉重。全國土地的三分之二被二十萬貴族和僧侶佔有，佔全國人口絕大多數的二千三百萬農民卻只佔有土地的三分之一。農村中大部分是所謂「份地農」，他們在土地和司法關係上依附封建領主，一些地區甚至還存在更為落後的農奴制。無地或少地的農民，除遭受領主的壓榨之外，還要向王國政府和教會繳納人丁稅、什一稅等各種苛捐雜稅。沉重的賦稅更使農民苦不堪言。連財政總監柯爾伯也不得不承認：

> 人民的負擔過於沉重，自本王國建立以來，人民從未繳納過像今天應繳的稅款的一半。❹

敲骨吸髓的封建剝削，使得農村普遍凋敝，農民紛紛棄家外逃。豐年滿目瘡痍，荒年餓殍載道。總之，十八世紀的法國農村一片衰敗景象，封建專制制度的經濟基礎遭到嚴重破壞。

與農業凋敝相應，專制王朝的財政也陷入困境。路易十四窮兵

---

❹ 轉引自波爾什涅夫：《梅葉傳》，中文版，汪守本、李來譯，北京商務印書館1993版（下同），頁25。

黷武，宮廷貴族縱情揮霍，早已把法國弄得民窮財盡。當西班牙王位繼承戰爭 (1701–1713) 結束時，法國政府的財政赤字高達二十五億里弗。路易十五繼位以後，財政形勢更趨惡化。路易十五有一句傳世名言：今生盡夠享用，管它身後洪水滔天。他不但自己縱情揮霍，而且豢養四千家貴族長年居住在凡爾賽宮，靡費無度，入不敷出，時人稱宮廷為「國家的墳墓」。 路易十五為挽救財政破產，任用蘇格蘭人約翰·勞(Jean Law)進行財政改革。勞興辦銀行，濫發紙幣以清償大量國債，又發行西印度公司股票煽動投機狂熱，把路易十四以來推行的重商主義政策推向極端。結果，約翰·勞的所謂改革在暫時刺激了一下現金流通和信貸發展以後，由於並無充分的工商業基礎，紙幣迅速貶值，銀行在兌換風潮下倒閉，一些宮廷顯貴和大投機商發了橫財，許多富有的資產階級和大量小生產者傾家蕩產，法國財政更瀕臨絕境。孟德斯鳩 (Montesquieu, 1689–1755) 曾經譏諷這一「改革」猶如飲鴆止渴，說勞以為已使法國恢復了豐腴，其實僅使她腫脹。

農村普遍凋敝和政府陷入財政困境是一種併發症，它們生動地反映出十七世紀末至十八世紀初法國社會險惡的經濟形勢，封建專制王朝發生無法擺脫的經濟危機。

在經濟危機形成的同時，專制王朝的政治也日趨黑暗。其主要表現為，在等級森嚴的封建社會結構中，作為統治階級的僧侶貴族和世俗貴族，與無權的第三等級廣大群眾處於尖銳的對立之中。路易十四的長期統治，早已養成許多隱患，路易十五當政以後，王權旁落，行政混亂，機構失靈，賄賂公行。貴族官僚昏庸暴虐，國王公然賣官鬻爵。專制王朝呈現一派末日景象。為了維持搖搖欲墜的封建統治，軍隊和警察殘酷鎮壓此伏彼起的農民暴動和城市起義，

恐怖氣氛瀰漫全國，社會矛盾空前尖銳。

在思想文化領域，為封建專制制度塗灑靈光聖水的天主教教會勢力，肆無忌憚地推行文化專制主義和矇昧主義，更進一步把法國推入黑暗的深淵。

羅馬天主教會是封建制度的國際中心。它建立了嚴密的封建教階制，把封建的西歐聯合為一個政治體系，使各國的封建王權披上神聖外衣。同時，教會本身就是最有勢力的封建領主，擁有天主教世界三分之一的地產。因此歐洲各國反封建的革命鬥爭，總是首先向天主教會發難。

天主教是法國的國教，在法國植根極深。遠在西元二世紀基督教便傳入高盧。西元五世紀以來，它深入鄉村和城鎮，廣設教區和修道院，建立嚴密的教會組織，勢力遍及社會各領域，成為封建制度的重要組成部分。到了十六世紀，法國人喀爾文 (Jean Calvin, 1509–1564)，受馬丁・路德(Martin Luther, 1483–1546)宗教改革影響，在日內瓦創立新教教會，廢除主教制，代之以共和式長老制，以真正法國人的尖銳性突出了宗教改革的資產階級性質，在法國市民階層產生廣泛影響，形成胡格諾教派。經過三十六年的宗教戰爭，波旁王朝的創立者亨利四世頒佈〈南特敕令〉，有限度地承認信教自由，才使胡格諾教派暫時取得合法地位，短時間打破天主教會在法國一統天下的局面。十七世紀中葉，法國大約有一百萬胡格諾教徒，主要居住在南部、西部、巴黎和亞爾薩斯。新教在資產階級和城市下層群眾中間很有影響，許多工業家、金融家、幫工和手工業者都是胡格諾教徒。西元 1685 年，路易十四在天主教會的唆使下，頒佈〈楓丹白露敕令〉，取消亨利四世寬容新教的〈南特敕令〉，強迫胡格諾教徒改信天主教，再次掀起迫害新教徒的狂潮。胡格諾教

徒的教堂被拆毀，教士被放逐，禮拜儀式被禁止。新的宗教迫害使幾十萬法國新教徒逃離家園，把資本和技術帶到瑞士、德國、愛爾蘭和荷蘭，法國工業因此受到重大損失。

但是無論宗教戰爭、〈南特赦令〉以及〈楓丹白露赦令〉所造成的惡果，都未動搖天主教會在法國的絕對統治。在十八世紀，天主教會在法國擁有極大的政治和經濟勢力。遍佈全國的一千七百多座修道院和其他教會組織，擁有大量地產和資金，教會年收入高達三億五千萬里弗。一些大主教年俸三十萬里弗，與世俗貴族一樣過著奢侈豪華的生活。在政治上，高級僧侶身居政府要職，大權在握，更與世俗貴族結為一體。

正是由於天主教會在法國具有這樣強大的勢力和巨大利益，才可能和必然實行無孔不入的神權統治。在維護封建政權上，天主教會起著特殊重要作用。它利用一切宗教手段，控制人們的思想，支配文化生活，成為專制王朝反動統治的精神支柱。王朝政府則頒佈限制言論自由的法令，嚴禁攻擊教會，違者處以極刑。教會教條同時就是政治信條，《聖經》詞句在各級法庭中都有法律效力。

這就是十七世紀下半葉和十八世紀初即讓‧梅里葉在世時法國的社會面貌。至於梅里葉誕生和生活的香檳省，更是法國一個貧困和落後的省份，直到1789年大革命前夕還有農奴制存在，甚至保存有法國其他地方早已罕見的徭役制。沉重的封建義務使這裏的農民更貧窮，更痛苦，也發生過更多的農民暴動和起義。

梅里葉就是生活在這樣的社會環境中。一方面是僧俗統治階級的橫徵暴斂肆意盤剝，另一方面是勞苦大眾的貧窮困頓無權無奈。面對極端不平等的現實，這位心地善良的下層神父不可能無動於衷。衝突終於爆發了。起初是梅里葉與埃特列平的領主德‧杜里之間，

繼而是梅里葉與他的教會上司里姆教區新任大主教，紅衣主教德・馬伊之間。

埃特列平村及其附近的村莊是貴族安圖安・德・杜里男爵的領地。他是老杜里男爵的女婿，繼承了岳父的莊園和封號。這個幸運兒出身貧賤，爬上貴族階級以後斂取錢財不擇手段，對弱者兇殘成性，支配農民的封建權力落到他手裏變得更加殘暴。與其他貴族的莊園一樣，德・杜里的莊園有兩個封建領主的標誌。一個是高高地建在屋頂上的鴿子窩。鴿子窩是法國農村貴族特權的標記，因為只有貴族才有權飼養鴿子。另一個是豎立在莊園大門旁的象徵性的絞刑架，它表示領主擁有司法權。按照封建法規，重大刑事犯罪由國王的法庭審理，一般民事訴訟歸領主法庭審理。領主壟斷了民事審判權，司法也就無公正可言了。

1716年，即梅里葉已經擔任了二十七年埃特列平小教區神父的時候，介入了領主德・杜里與當地農民的一場糾紛，他為被壓迫的農民仗義執言，在佈道時攻擊貴族統治，於是與領主產生了對立。梅里葉的傳記材料沒有告訴我們領主與農民這場糾紛的具體內容，但是我們知道早在這場糾紛發生之前，梅里葉由於拒絕在教堂做禮拜時讓領主享有特殊榮譽而得罪了德・杜里，因為他在教堂裏緊挨著領主的座位放置供普通教徒使用的板凳，領主感到蒙受了恥辱，告到教區領導，而梅里葉拒絕執行里姆教區副主教要他糾正的命令，梅里葉的理由是該領主的前輩也未在教堂座位問題上享有特殊榮譽。德・杜里想制服這位執拗的神父。他從梅里葉私人生活方面挑毛病向里姆大主教打報告。

根據教規，天主教神父是不准娶妻的。在十七世紀的法國，許多神父都有非婚的妻子。他們不得不把妻子冒充為親戚或女僕，教

會對此則視若無睹。例如從保存在主教轄區的巡視埃特列平村的調查記錄可以看到，1696年一位23歲的表妹以女僕的名義與梅里葉住在一起，巡視的教區領導人對這件事並未提出異議，梅里葉也沒有為此受到申斥。但是到了1716年，當梅里葉與封建領主德・杜里發生衝突時，他卻為與另外一個表妹生活在一起而受到調查。主教轄區派出的調查團來勢洶洶。1716年6月12日簽署的調查報告羅織罪狀說：

> 讓・梅里葉神父是個不學無術、剛愎自用、固執成性和不近
> 人情的人。他家境富裕，蔑視教會，因為他的收益比教堂的
> 什一稅收入還要多。他干預一些他所不懂的事情，並且一意
> 孤行。他熱衷於搞他的世俗事務，貌似篤信宗教，其實漫不
> 經心。❺

調查報告指責梅里葉在埃特列平村的教堂裏既不設懺悔室也沒有一個像樣的講壇，而由梅里葉兼管的巴列夫村的教堂更加糟糕：小樓搖搖欲墜，大鐘岌岌可危，窗子玻璃破碎等等，總之梅里葉在過去幾年裏沒有認真履行聖職。與簽署調查報告同時，還有一道命令，勒令與梅里葉神父生活在一起的表妹立即離開。

　　梅里葉當然不能忍受德・杜里的誣告和教區調查團的調查結論。1716年6月18日教區大主教德・馬伊召見神父讓・梅里葉和領主安圖安・德・杜里，要求神父為自己的行為作出解釋。梅里葉沒有為自己辯解，而是宣讀了一份事先準備好的抨擊貴族階級的講稿。不知為什麼原因，大主教對這個突然變得倔強不馴的下層神父的處

❺　同❹，頁62。

理卻十分寬大，只是以違反神職人員私生活教規的名義給予梅里葉在里姆宗教學校「幽居」一個月的處分，並責令他在佈道時號召教徒為領主祈禱。

　　傳記作家關於梅里葉在里姆「幽居」一個月後回到他的鄉村小教堂第一次佈道情景的記述稍有不同。一種說法是：這一天領主德·杜里趾高氣揚地坐在埃特列平村教堂他的座位上，和其他教徒一道等待那個受到懲處的神父遵照德·馬伊大主教的命令為他祈福，承認在教堂裏他也應享有特殊的榮譽，而梅里葉的佈道辭卻令他失望和氣惱。梅里葉說：

> 可憐的鄉村神父的命運通常就是這樣。大主教們本身就是領主，他們瞧不起鄉村神父，不聽鄉村神父的話；他們有耳朵，但只聽貴族老爺的話……我們最終還要為我們村子裏的領主祈禱。我們請求上帝讓本村的領主德·杜里老爺回心轉意，賜予他天恩天惠，叫他不再虐待貧民，不再掠奪孤兒。❻

　　另一種說法是：德·杜里恰恰在這個時候去世了，根本沒有出席這次禮拜，神父和村民被迫為他祈福變成追悼亡靈的儀式，但梅里葉的佈道辭仍然十分尖刻：

> ……我奉勸你們要牢牢記住，他是個富人，由於偶然的機緣獲得了爵位，由於善於鑽營而獲得了領地。……唯有崇高的感情使人成為正大光明的人，可是他一生一世寧可要錢而不要崇高的感情，但錢財使人產生貪婪和虛榮。我們祈求上帝

---

❻　同❹，頁64。

寬恕他，賜給他以慈悲，赦免他的惡行。❼

　　無論哪種說法，梅里葉的話都不會令領主或他的家人善罷干休，梅里葉再次遭到大主教的訓斥。梅里葉一貫謙和敦厚，激進的思想深藏不露，這次與權貴的衝突是罕見的，只能說這是情緒的一時失控，當他冷靜和理智起來的時候，也就不再反擊。

　　梅里葉生平中另一個重要事件是他的巴黎之行。巴黎之行對於梅里葉思想成熟無疑具有重要意義。在具體探討這個問題以前，我們先得弄清楚一些事實，例如他是什麼時間去的？他為何而去？他在巴黎與誰來往？等等。由於梅里葉一生蟄居窮鄉僻壤，又身為卑微的鄉村神父，他的名字只是逝世以後才逐漸為法國知識界所知，後世對他的生平事蹟暸解甚少。早期出現的幾個版本的梅里葉傳記，有的明顯失實，有的是他的敵人的誣陷歪曲，只有列羅（匿名）撰寫的《讓・梅里葉生平簡述》比較可靠，可惜這份傳記材料過於簡略。就以梅里葉巴黎之行這件事來說，《簡述》不過是在手抄本裏順便提到而已，在正式印刷出版時又為編者刪掉了。根據保存至今的這個《簡述》的手抄本，作者告訴我們：

　　　　梅里葉神父在巴黎旅行期間，大約也就是修道院院長烏特維利首次發表他有關宗教論著的時候，梅里葉神父的好友比尤夫葉長老有一次向他推薦這本書並請他談談看法。梅里葉表示，如果他們一起閱讀這本書，他也願意談談他的讀後感。過了幾天，他在一個天主教徒家裏吃飯，大夥聚在一起談到了那本書，席上有一個好說大話而不重原則的不信教的青年

---

❼　同❹，頁64。

人，採用了那些一般把破壞信仰的基礎當作理性的巧妙手段來吹噓。梅里葉以極其沉著的態度指出說：參與某種宗教並不需要多高的才智，但保衛宗教卻需要很多的智慧。 ❽

這就是《簡述》作者留給我們的梅里葉巴黎之行的全部材料。但這段話中提到的兩個事實——「梅里葉神父的好友比尤夫葉長老」和「大約也就是修道院院長烏特維利首次發表他有關宗教論著的時候」——卻透露了梅里葉為什麼去巴黎和巴黎之行的大體時間。

修道院院長克‧佛‧烏特維利於1722年初出版了一本維護基督教信仰的著作，書的全名是《有事實為證的基督教，以及關於自有基督教以來寫過捍衛或反對基督教的書籍的最主要作者的思想方法的歷史性和批判的議論》。這部著作把提到的所有反對基督教的論點和所有反駁這些論點的正統觀點兼收並蓄。在作為封建王朝專制統治精神支柱的基督教信仰正受到理性主義思潮強烈衝擊、偉大的十八世紀法國啟蒙運動風雲初起的時候，烏特維利這本書自然受到封建勢力的寵愛，吹捧鼓噪之餘，更是獎賞有加，幾個月之後烏特維利便被選為法蘭西學士院院士。這樣引人注意的一本書，特別是它兼收並蓄一切反對基督教的論點和反駁這些論點的正統觀點的編撰方法，理所當然會引起梅里葉的極大興趣。1722年梅里葉58歲，在埃特列平小教堂裏暗暗磨礪他的批判基督教之劍已經三十多年，正當他計劃把自己的思想訴諸文字的時候，他要去研讀烏特維利的書，要與朋友討論，要聽聽首都知識界的意見，實在是必然的事情。巴黎之行勢所必然。

《簡述》作者告訴我們比尤夫葉長老是梅里葉的「好友」出人

---

❽ 同❹，頁65。

意料。正如大多數研究梅里葉的著作不談他的巴黎之行一樣，人們
也總是說梅里葉與十七世紀末——十八世紀初法國進步思想界沒有
聯繫，這樣的論斷看來是不正確的。住在巴黎的耶穌會長老克洛
特・比尤夫葉是十八世紀初法國學術界相當活躍的飽學之士。他雖
身為耶穌會士，卻是一個自然神論者（自然神論是唯物論的一種表
現形式，是十八世紀上半葉法國最進步的哲學思潮，自然神論者是
耶穌會士的敵人。關於這一問題下文還要專門討論），他的大量著
述涉及歷史、地理、語法、邏輯、哲學等許多學術領域，伏爾泰
(Voltaire, 1694–1778) 和狄德羅 (Denis Diderot, 1713–1784) 都曾說
到過他，他的主要哲學著作《論真理第一性與我們判斷的依據》於
1724 年在巴黎出版，其內容與後來梅里葉的遺作有不少相通之處。
梅里葉與這樣一位進步學者是好朋友，他們談論烏特維利的書並想
交流「讀後感」，梅里葉巴黎之行更無可懷疑了。

　　梅里葉的現代研究者在法國阿爾登省檔案館發現一張字據，是
1722年9月24日梅里葉向一個朋友借用一百利維爾銀幣的借據，這
筆錢1726年5月9日歸還。生活無慮的梅里葉為什麼要向人借錢，時
間又恰恰在1722年至1726年之間，即在烏特維利和比尤夫葉兩人的
著作出版期間，這筆錢的用途不能不使人聯想到這是巴黎之行的需
要。這個借據雖然不能直接證實梅里葉的巴黎之行，卻可以作為我
們估計這位鄉村神父哪一年去首都一遊的旁證，而且是僅有的客觀
旁證。換句話說，梅里葉巴黎之行當在1722年至1726年之間。

　　除去《簡述》簡略的記載之外，我們完全不瞭解梅里葉在巴黎
的活動。但是十八世紀二〇年代的巴黎一定會給這位從未出過遠門
的老年的鄉下神父以強烈印象。路易十四親政以來，隨著封建專制
制度的鞏固和國力的增強，法國不但在經濟和政治上傲視歐洲大陸，

法語成為大陸各國的通用語言，法國的首都巴黎更成為歐洲最豪華壯觀的城市。伏爾泰在其名著《路易十四時代》(*Le Scièele de Louis XIV*)這樣描述當時的巴黎：

> 歐洲大部分大城市都是在多年以後才開始仿效巴黎，沒有一座城市趕上它。沒有一座城市的街道鋪得像巴黎這樣好……經常打掃街道，夜裏點起五千盞路燈……一切開始臻於完善……自1661年起，國王就在羅浮、聖日爾曼、凡爾賽不斷大興土木。百姓仿效國王，也在巴黎修建了上千座華美舒適的大廈。新建大廈日益增多，以致在巴黎，在羅亞爾宮和聖絮爾皮斯教堂周圍，形成了兩座新城……路易十四愛好建築、園林和雕刻，他在各方面都欣賞雄偉、高貴的氣派。……國王修建了日夜企盼的羅浮宮之後，又在耗資數百萬的凡爾賽城堡附近修建一座新城，修建特里亞農和馬爾利兩座宮殿，裝飾很多其他建築物……殘廢軍人院和院內那座巴黎最美麗的小教堂，以及國王在晚年最後建立的聖西爾女修院，已經足以在路易十四身後使人感恩讚美。❾

梅里葉來到巴黎，不僅會看到它的豪華氣派的市容，而且可以看到它豐富多彩的文化生活。報刊書籍之外，法蘭西喜劇院等一大批劇院輪番上演高乃依 (Corneille, 1606–1684)、拉辛 (Racine, 1639–1699)、莫里哀 (Molière, 1622–1673) 和呂利 (Lulli, 1633–1681)等人的經典悲劇、喜劇、音樂以及當代眾多作家和音樂家的作

---

❾　伏爾泰：《路易十四時代》，中文版，吳模信等譯，北京商務印書館1982年版，頁425–428。

品。與這些公共文化場所交相輝映的是遍佈巴黎的沙龍。巴黎上流社會社交界的時尚是貴族和貴族夫人競相在自己豪華府第的客廳裏定時招待文人學者，人們在這裏發表關於哲學、文學和藝術的見解，交流切磋，爭奇鬥勝，形成蔚為壯觀的沙龍文化。路易十四逝世以後，新王年幼，由奧爾良公爵菲力浦親王 (Philippe, duc d'Orléans, 1674–1723) 攝政。攝政王時代的巴黎，一方面政壇更加腐敗、經濟更加混亂，社會矛盾更加尖銳；另一方面，專制王朝和教會對思想文化領域的控制力相對削弱，為反對封建傳統文化、倡導理性、自由、科學和民主的各種進步思想和學說的萌生與傳播留下空隙，沙龍文化恰為這些進步思想和學說提供了機會。

正當梅里葉巴黎之行前後，十八世紀法國啟蒙運動的兩位泰斗伏爾泰和孟德斯鳩在巴黎文壇嶄露頭角，雖然他們各具特色的啟蒙思想還遠未成熟，他們的主要理論著作還未問世，但是他們在文學創作上已經取得傲人成績。1718年底，伏爾泰創作的第一部悲劇《伊底帕斯王》(*Œdipe*) 在巴黎首演成功，人們知道作者持反政府立場，剛剛從巴士底獄釋放出來，都想知道他的劇作有何驚人之筆，觀眾踴躍，連演四十五場，觀眾達兩萬七千人，在巴黎引起轟動。1721年伏爾泰完成史詩《亨利亞特》(*Henriade*) 的創作，但未能取得王國政府的出版許可，只得以《同盟》書名於1723年在里昂秘密印刷運進巴黎發行。這部史詩通過歌頌波旁王朝的第一位國王統一法國、平息叛亂、推行宗教寬容政策的業績，抒發了伏爾泰的政治理想和對宗教狂熱的批判。《同盟》的出版在巴黎受到廣泛歡迎，連同《伊底帕斯王》的成功，伏爾泰在巴黎沙龍裏贏得了「法蘭西優秀詩人」的桂冠。

與此同時，孟德斯鳩男爵的名著《波斯人信札》(*Letters*

Persanes)於1721年問世，同樣立即轟動法國文壇，一時成為巴黎最暢銷的書，一年之內再版十次，孟德斯鳩一舉成為文壇名士和沙龍常客。《波斯人信札》假借兩個去歐洲旅行的波斯人彼此之間和與國內朋友、後房妻妾、閹奴總管的通信，側面揭露或影射批評法國封建專制制度下的各種社會弊端和不良風俗習慣。明眼人一望而知作者談論的主要是法國而不是波斯，作品的筆法形象生動引人入勝，在巴黎進步思想界引起了強烈共鳴。

　　我們無從瞭解梅里葉在巴黎期間是否涉足這些大眾的或沙龍裏的文化活動，但一個深沉的、無時不用冷峻的目光觀察社會的思想家不可能對巴黎熾熱的文化生活麻木不仁。那麼，他可能會有怎樣的感受呢？一種可能是，他受到鼓舞，他看到封建王朝和天主教會推行的文化專制主義已經鬆動，巴黎知識界的初步覺醒和理性主義的傳播加強了他的自信。他相信他關於宗教、關於哲學、關於社會的思想具有無可辯駁的真理性，發表出來終有一天會被巴黎乃至整個法國的知識界和廣大群眾接受。當然他也會清醒地認識到政治上和宗教方面的專制主義壓迫仍然十分嚴酷，即使像巴黎這樣的國際大都會和有自由主義傳統的文化中心，人們也只能像伏爾泰和孟德斯鳩那樣用以古喻今或喻內於外的曲筆含沙射影、旁敲側擊地談論現實生活中的弊端，進步思想家時刻面臨著著作被判焚毀和淪為巴士底獄囚徒的命運。

　　與幾年以後梅里葉在自己的著作中大膽、坦率、尖銳、深刻、激進的理論對照，我們又可以設想另一種可能性，即梅里葉對巴黎市民文化的膚淺和沙龍文化中進步文人的膽怯懷有鄙棄，或者是不滿意的心態。作為一個鄉村神父和反映農民情緒的思想家，他對市民文化即城市資產階級粗俗平庸的愛好和情趣，天生抱著懷疑和抵

觸情緒。這就是為什麼梅里葉在自己的遺著中對巴黎之行毫無反應的原因。如果說間接地有所表露的話，那就是他在遺著結束時譴責「哲人們裝聾作啞、畏縮不前，他們不敢公開說他們想說的話」，「可恥的怯弱和緘默」等❿。更為重要的是，正是由於他來自貧困的農村，他長久體味了法國貧苦農民和鄉村無產者群眾的艱辛痛苦，目睹巴黎的繁華和貴族的奢侈，引發他更強烈的平等要求和對僧俗統治階級的憤恨。畢竟極度的貧富懸殊不僅在農村，就是在巴黎也是顯而易見的。如果梅里葉1725年夏天仍在巴黎的話，他就有機會目睹史書上記載的一次巴黎窮人與統治者的激烈衝突：由於麵包漲價，大批貧民麇集巴黎街頭抗議，橫遭軍警馬隊衝擊踐踏鎮壓。勞苦大眾生活在水深火熱之中，即便是在巴黎也不例外，梅里葉不可能得出別的結論。這個結論在他的著作中得到了充分反映。

通過分析十八世紀二〇年代巴黎的社會面貌和文化狀態，我們可以有把握地說，梅里葉的巴黎之行在他的生平中具有里程碑的意義。當他與朋友研讀了天主教神學家最新的著作，當他瞭解了首都知識界的思想狀況，當他感受到剛剛興起的啟蒙思潮的撩人氣息，對於促使他最終下定決心直截了當和毫無保留地把自己的思想公諸於眾一定起了決定性作用。巴黎之行是梅里葉成熟的標誌。巴黎之行促成了一個影響深遠的唯物主義哲學家的誕生。

與鄉村領主的一時衝突和巴黎之行，是梅里葉平淡一生僅有的「大事」。 面對封建專制暴政和教會神權統治，目睹貧富懸殊和極端的社會不平等，梅里葉的一生始終在內心矛盾中度過。作為一個基層神父，他的使命是安撫鄉民，維護現有秩序，職務的要求與他反對一切宗教的無神論信仰和追求社會平等的願望尖銳對立不可調

❿ 同❶，第三卷，頁218。

和。梅里葉埋藏心底的痛苦是深刻而無法解脫的。他在遺作中對自己的教民說：

> 我知道自己處境可悲，我必須做完全違反自己本意的事，說完全違反本心的話；要使你們陷入極其愚蠢的謬誤和荒誕不經的迷信中，而這些又是我內心加以痛恨、痛責和咒罵的。但是我肯定地告訴你們：我做這些事情總是非常勉強的，並且是帶著極端厭惡的心理的。我內心痛恨自己這種荒謬的職務，特別痛恨我被迫去做的那種迷信的、偶像崇拜式的彌撒和荒謬而可笑的聖餐。當我不得不這樣做的時候，特別是當我不得不比平常更小心翼翼地，更隆重地去執行這些職務的時候，我內心千百遍地在咒罵它們。當我看到你們帶著昂揚的宗教熱情朝教堂走去，為的是去參加荒唐的禮拜儀式，為的是特別虔誠地去聽那些冒充是上帝親自說的話，這時候我覺得我更加令人可恨地濫用了你們的宗教信仰，因而我更應該受到譴責。這同樣加強了我厭惡這些無謂儀式的心理，以致我有成千成百回幾乎就要當眾不顧情面地表示自己的憤怒，我實在控制不住自己的情感，隱藏不住這種憤慨。❶

中世紀宗教裁判所式的迫害和嚴酷的懲處在十八世紀的法國，特別是在外省仍然盛行，迫使梅里葉三緘其口。他只能暗暗磨礪自己的武器，尋覓以最安全的方式給他所痛恨的一切以致命的一擊。

談到這裏，我們想到前引《讓・梅里葉生平簡述》手抄本記述梅里葉巴黎之行那段話，其中曾經提到梅里葉在一個天主教徒家裏

---

❶ 同❶，頁14。

吃飯，席間談到烏特維利捍衛基督教的那本書，一個不信教的青年高談破壞信仰的基礎是理性的巧妙手段，梅里葉則說參與某種宗教並不需要多高的才智，保衛宗教卻需要很多的智慧。按照梅里葉的真實思想，聽到青年人的議論他本該應和，並大大發揮一番才是。然而儘管是在言論尺度相對寬鬆的巴黎，儘管是朋友之間餐敘閒談，梅里葉的回答仍然十分謹慎，既沒有板起神父的面孔說假話教訓青年人，也沒有放言直抒胸懷，而只是以那樣一句看似客觀、沒有傾向而又意味深長的話機敏應對。這段珍貴的史料生動形象地記述了梅里葉的處境，他的成熟和深藏不露的大睿大智。

幾十年漫長歲月中，梅里葉似乎一直過著一種雙重生活：一方面，他是一個溫和謙恭的鄉村神父，安於地位低微而沒有任何野心，甘心默默無聞而處世循規蹈距；另一方面，他在精神世界裏大膽追求和探索，哲學家的沉思和造反者的激情奇妙地交織在一起，不但使自己徹底擺脫宗教觀念的束縛，用哲學的理性探索人生的真諦，而且關心法國和普天之下所有被壓迫人民的命運，憧憬一個公正的、沒有痛苦的世界。

巴黎之行使梅里葉成熟，也增強了他的自信。使命感和責任感促使他坦率地闡述自己的思想，用以啟迪民智。他在自己的遺作中寫道：

> 我沒有別的打算和別的目的，我只想率直地、開誠布公地說出真理並闡明真理……為的是使你們認識真理，為的是像我已經說過的那樣，想盡我力所能及使你們從這一切可恨可惡的宗教迷信和謬見的蒙蔽中解放出來。⓬

⓬ 同❶，第三卷，頁218–219。

但是他深知坦言真理、揭穿謬誤即全面論述自己的無神論和唯物論哲學、批判宗教迷誤和教會神權統治以及反對封建盤剝、貴族特權乃至消滅人間一切不平等現象的社會理念必將遭受僧俗統治者的嚴厲懲處，其結果不僅個人將遭受不幸，更重要的是他想為人民指出真理，他苦心孤詣揭露宗教荒謬性的論證和論據，可能根本沒有機會從容闡述就被封殺。於是，梅里葉設計了一個兩全之計：生時寫出自己的所思所想，設法死後公諸於眾。

梅里葉晚年面臨喪失視力的危險，這更促使他盡快把自己的真實思想訴諸文字。梅里葉是1729年5月逝世的。逝世之前，他寫好了按譯成中文計算約七十餘萬字的筆記，並工整地謄抄三份，每份裝訂為一大冊，每一大冊均為三百六十六頁，封面上題為：「埃特列平村與巴列夫村的鄉村神父讓・梅里葉教士思想和見解的筆記，記人的行為和管理人民中的錯誤和迷誤」。這就是後來流傳的梅里葉《遺書》的原本。梅里葉用寫遺書的形式給自己樹立了一座高大的紀念碑，完成了劃時代的熠熠巨著，但他卻沒有給自己的著作確定一個正式的書名，而只是謙虛地稱之為「思想和見解的筆記」，甚至說他只是把「它們寫成書的樣子」。❸《遺書》這個響亮的書名是伏爾泰起的。十八世紀法國啟蒙泰斗伏爾泰不但通過極力宣傳使他所崇敬的這位前輩在逝世三十餘年之後變得家喻戶曉，而且為梅里葉的著作起了一個極為恰當和無可替代的書名，此是後話。

梅里葉趕在失明之前寫好了自己的著作，他還要設法使它們保存下來並能最終起到揭露頑敵、警醒世人的作用。為了使手稿不至湮沒，不遭焚毀，不被漠視，他採取了三重保險對策。這位孤獨沉默的鄉村神父真正具有超人的智慧。

---

❸ 同❷，頁227。

他首先把一份手稿交地方法院登記室，當時這種法院登記室具有公證處的功能。梅里葉是作為遺囑辦理應有的法律手續。按照梅里葉的計劃，當他逝世以後，他的遺囑將按慣例由小教區神父在教堂裏當眾宣讀。我們記得前面已經講過鄉村神父負有在做彌撒時宣讀和執行教徒遺囑的職責。當死者是鄉村神父本人時，由繼任者或其他神職人員當眾宣讀他的遺囑的權利會更得到尊重。從來沒有一個神父利用這一傳統做法企圖達到破壞宗教信仰、掀翻封建統治秩序的目的。梅里葉設想他的遺囑當眾宣讀時，他與之生活了一輩子的埃特列平和巴列夫的教徒們一定能夠理解他的良苦用心，思考他向他們宣講的真理，而當權者對他的「奇襲」一定暴跳如雷。梅里葉在《遺書》開頭便說：

> 親愛的朋友們！我不能在生時把我對於管理人們的制度和方法，對於他們的宗教和習俗的想法公開地說出來，這可能帶來非常危險而悲慘的後果；因此，我決定在自己死後把這些告訴你們。❶

他在《遺書》結尾又說：

> 我打算交給你們教區法院登記室以便在我死後轉致你們的這本書，在它公開以後一定會引起教士們和暴君們對我的憤怒和咆哮……❶

---

❶ 同❶，頁1。
❶ 同❶，第三卷，頁220。

直接與他的鄉村小教區的教徒交流是梅里葉衷心的願望，教職長期使他內心矛盾和痛苦，他向他們隱瞞自己真實思想凡四十年，也使他感到歉疚。他渴望他們的理解。他對他們說：

　　我只是懷著極大的厭惡心情並且是十分敷衍地執行它，正像你們所看到的那樣。❻

　　梅里葉把第二份手稿連同一封信寄給里姆教區副主教。把反封建反神權的手稿自己寄給教會主管機構審查，並在附信中請求收信人把信轉給同道討論。梅里葉這種作法，並非與里姆副主教有什麼私交或幻想他的同情，而是他力求死後保存書稿和傳播書稿內容的三大保險對策之一。這是極富謀略的一招，是主動出擊、以攻為守的妙計。梅里葉最耽心的是遺著被禁錮、被銷毀而不為外界所知。梅里葉對直接留給他的小教區鄉親的一份手稿能否保存下來沒有把握，因為埃特列平村畢竟太小，太落後，太偏僻，也很難設想他的沒有文化的教徒們能真正理解他的哲學乃至整個思想體系。挑戰性地將第二份手稿寄給教會頭目，迫使他們不能用沉默或悄悄銷毀的辦法處理他的著作。梅里葉早已料到他的思想一旦公開，就會像炸彈爆炸一樣震驚教會，並引起衛道者們歇斯底里大發作。他要的就是這種效果。他不畏教士們咒罵和聲討，他要他們批駁他，討論他的論點和論據，這樣他的思想就能傳播，有識之士就能認識他的著作的真理性，至少不會無聲無息地湮滅。請讀者原諒我們還要引用梅里葉著作中的一段話印證上述判斷。這段引文較長，但它十分感人。梅里葉說：

---

❻　同❶，頁1。

讓那些神父、說教者、神學家以及一切欺瞞詐騙行為的庇護者，在我死後盡量去暴跳如雷吧！讓他們把我叫做不信神者、叛教者、瀆神者或無神論者吧！讓他們愛怎樣咒罵我就怎樣咒罵我吧！——這些是絲毫也不會使我感到震動和不安的。讓他們對我的肉體愛怎樣處理就怎樣處理：他們可以把它碎成萬段，可以加上什麼調味汁把它煎、炒、燉、煮，然後吃到肚子裏去——這對我反正是不關痛癢的。我將完全站在他們的射程之外，什麼東西也不能嚇住我。我能夠預料到的只是在我死後，我的親友們可能會因為聽到侮辱我的話和看到粗暴地嘲弄我的行為而傷心。我很願意使他們免除這種憂傷；可是不管這種願望怎樣有力地激動著我，我也不能使自己不去熱愛真理、正義和集體的福利，也不能不使自己去痛恨宗教的迷誤和捏造，不能不去痛恨世上強者的無法無天及驕傲自大，不能不去痛恨他們的爭權奪利和暴虐無道；——這種愛和恨使我戰勝私人的顧慮，而不管這種顧慮多麼強烈！親愛的朋友們！而且我不以為我的思想應該使我變成這樣可恨的人，應該給我樹立像可能設想的那樣多的敵人。我甚至以懷著下述希望而自慰：不論我的這本書形式上如何不整齊（它起草得很匆促，寫得也很匆忙），內容如何不完備，如果它不只是對你們有好處，如果它一定會出版問世，如果人們研究了我的思想，和我的思想所依據的一切原理，那麼也許我將獲得的擁護者（至少在有智慧和正直的人們中），其數目一定不會少於指責者（在其他人們中），並且我現在就可以說，在那些由於自己的地位，或由於法官、官吏等等職務，或由於其他各種個人的考慮而不得不在別人面前大聲指責我的人們

中間，將有許多人內心裏站到我這一方面來。⑰

　　梅里葉還有第三份手稿，他把它交給了他的朋友列羅先生。與這份手稿一並交給朋友的還有一封致鄰近教區神父們的信。對於列羅其人後世瞭解甚少，只知道當時他在司法界供職，擔任律師，並在巴黎最高審判機關任檢察官。列羅是梅里葉信賴的朋友無可置疑，因為歷史學家考證出《讓‧梅里葉生平簡述》的作者正是他。應該說謹慎的列羅先生（我們還記得他在《簡述》中對梅里葉的思想本身不加評論）無負朋友重托，《遺書》手稿之一經他的手得到保護，證據是與這一份手稿同時交給他的梅里葉致鄰近教區神父的信也保存下來了。當然，梅里葉致里姆教區副主教的信也流傳至今，令人猜想梅里葉的第二份《遺書》手稿也沒有被銷毀。

　　現代梅里葉研究者證實，梅里葉《遺書》手抄本在梅里葉逝世第二年便開始在法國秘密流傳，以每冊二百四十法郎的價格秘密出售，至今仍有不少當時的手抄本保存在法國各圖書館，主要是巴黎的國立圖書館、阿爾塞那圖書館等圖書館裏。梅里葉逝世五年(1735)以後伏爾泰從他在巴黎的友人出版商季里奧來信中得知有《遺書》手抄本存在，並希望季里奧把《遺書》手抄本秘密寄給他；梅里葉逝世二十二年以後 (1762) 伏爾泰在致友人達米拉維爾的信中談到《遺書》時說：

　　　十五或二十年前這本著作的手抄本曾以八個金幣的代價出售。這是厚厚的一大本，分成四卷。在巴黎一共有一百多冊。季里奧兄很清楚此事。⑱

---

⑰　同❶，頁17。

但是《遺書》原稿，即梅里葉親自謄抄的三份手稿卻早已失散，甚至伏爾泰多方搜求也未能找到，因此現代梅里葉研究者無從確定梅里葉設計的「三重保險」中哪一種或兩種辦法起了作用。然而《遺書》早已成了傳世之作，梅里葉如願以償，歷史的細節無從考察，也沒有必要去考察了。

《遺書》長期以手抄本形式在法國知識界流傳。1762年和1772年分別由伏爾泰和霍爾巴赫 (d'Holbach, 1723–1789) 匿名出版過兩個摘要本，曾多次再版廣泛傳播，產生了很大影響。無論是《遺書》全文的手抄本還是伏爾泰和霍爾巴赫摘編的摘要本都多次被巴黎高等法院判處焚毀，持有或出售梅里葉著作要冒被捕和判刑的危險。

《遺書》全文於西元1864年在阿姆斯特丹首次正式出版，此時距梅里葉逝世已經一百三十五年。

⓲　伏爾泰：《伏爾泰書信選》，見《遺書》附錄，載《遺書》第三卷，頁237。

第二章　梅里葉的唯物論和無神論

　　梅里葉在《遺書》裏說，封建專制政府和天主教會就像兩個互相庇護的小偷，宗教支持最壞的政府，政府維護最荒謬的宗教；封建制度支配人們的肉體，宗教神學控制人們的靈魂。梅里葉通過終生在社會底層生活所體察到的法國貧苦農民和無產者群眾的苦難，以及身為神父對教會內部機制和宗教社會作用的反思，深刻認識到宗教在維護封建秩序方面起著特殊的反動作用。天主教長期愚弄、欺騙、麻痺法國農民和其他勞動群眾，為國王和貴族對人民群眾的殘酷壓迫剝削披上神聖外衣。因此要推翻封建專制統治，必須首先抹去天主教為它塗灑的靈光聖水；要發動人民進行反對封建統治的鬥爭，就必須首先幫助他們破除神權觀念，衝破思想牢籠。梅里葉當了一輩子神父，對宗教的危害性和欺騙性有深切體會。這就決定了，梅里葉自覺地把對黑暗現實的揭露和批判，首先集中在天主教會及其神學體系上，用唯物論和無神論與宗教神學對立，成為十八世紀法國唯物主義哲學的最早代表。

　　《遺書》在寫法上不分編章目次，以數字為序，全書共計九十九節文字，其中梅里葉用了八十節批駁宗教教義和神學迷信，可見他把撕碎封建制度的神聖外衣，當作批判封建秩序的首要任務。他說：

世上窮人們受各種迷信及偶像崇拜欺騙的時間已經夠久了，
富人和強者掠奪和壓迫窮人的時間也已經夠長了。該是打開
窮人的眼界，向他們說明全部真理的時候了。❶

　　梅里葉用以和宗教神學對立的無神論，具有堅實的理論基礎，
這就是他的唯物主義哲學。他從蒙田(Miehel Eyquem de Montaigne,
1533–1592)的懷疑論、笛卡爾(René Descartes, 1596–1650)的物理
學和古代原子唯物論尋找理論武器，用唯物主義的哲學原理剖析天
主教神學所謂存在超自然的精神實體、上帝創世、神是物質世界運
動變化的原動力等信仰主義的基本信條，論述了世界的物質性、物
質與運動、物質與意識的關係等唯物主義原則，探索和揭露宗教產
生的根源及其反動本質，全面抨擊宗教唯心主義，發揮了徹底的無
神論觀點。
　　梅里葉哲學的出發點是現實世界的起源或本質，即所謂世界的
「始因」問題。他意識到這個千百年來哲學家和神學家爭論不休的
問題的重要性。他指出，宗教神學斷言上帝是物質世界的創造者，
無神論者強調自然或物質存在物本身就是始因，這不是一種表面的、
「在始因的名稱和固有的特性方面意見不一致」❷，而是把「始因」
理解為「最高的智慧」、「全能的意志」還是客觀存在的物質的原則
之爭。在他看來，唯物論和唯心論、無神論和宗教神學，「兩派的
主要分歧點就在這裏」❸。梅里葉把「始因」(即他所謂「不依賴其
他任何原因而由本身獲得存在的原因」❹）問題看作哲學論戰的核

---

❶　梅里葉：《遺書》第一卷，頁15。

❷　《遺書》第二卷，頁188。

❸　同❷，頁189。

心，實際上以素樸的形式觸及到物質決定精神還是精神決定物質這個哲學基本問題，也就是所謂「第一性」問題。他用唯物主義觀點解答了這一問題，並且從這一點出發，向神學唯心論發起猛攻。

　　梅里葉抓住自然或物質世界是自然存在的還是被「智慧」或「意志」創造的這樣一個傳統哲學關切的核心問題，對於論證他的唯物論和無神論，批駁宗教神學乃至一切唯心主義哲學體系至關重要，而且十分準確，十分尖銳。梅里葉提出的問題和提出問題的方式，表明了他的哲學思想的一大特點──觀點鮮明、堅決徹底。

　　西方世界自文藝復興時期到十八世紀二〇年代，盡管出現了很多反對基督教信仰體系的思想家和哲學家，不少人為堅持真理慘遭教會和宗教狂熱勢力的殘酷迫害，從伽利略 (Galilei Galileo, 1564–1642)、布魯諾 (Giordano Brano, 1548–1600)、康帕內拉 (Tommaso Campanella, 1568–1639)、斯賓諾莎 (Benediet Spinoza, 1632–1677)到范尼尼(Julius Caesar Vanini, 1586–1619)等等，有的被終生監禁，有的被革除教籍，有的被活活燒死，但是他們實質上是唯物論和無神論的哲學理論，仍然打著有神論的幌子，普遍採取泛神論形態，「神」仍然是他們的擋箭牌或理論退路。就以梅里葉最為推崇、在他的《遺書》中不斷引證的法國十六世紀人文主義代表人物蒙田來說，儘管他的懷疑主義哲學影響了法國幾代思想家，對基督教信仰體系的各個方面都起了破壞作用，但是他並沒有否定神的存在，更沒有拋棄基督教，甚至在羅馬旅遊時，他還特意拜訪教皇格利高里十三世，像一般教徒一樣親吻教皇的足趾。至於十七世紀法國最傑出的哲學家笛卡爾和被譽為「十八世紀法國啟蒙運動之父」的比埃爾・貝爾(Pierre Bayle, 1647–1706)，不論他們的著作

---

❹　同❷。

對當代和後世產生多麼大的影響，他們仍然企圖用懷疑主義逃避教會迫害，避免與宗教正面衝突，笛卡爾甚至希圖用二元論調和科學與神學的矛盾。事實上，一直到十八世紀中葉法國啟蒙運動發展到高潮之前，在梅里葉早已逝世之後，法國唯物主義哲學家，包括三大啟蒙思想家伏爾泰、孟德斯鳩和後來的盧梭 (Jean-Jacques Rousseau, 1712–1778) 以及孔狄亞克 (Étienne Bonnot de Condillac, 1715–1780)和早年的狄德羅等人，都沒有公然放棄神的招牌，而使自己的哲學思想局限於自然神論的範圍之內。形成這種歷史現象的原因是多方面的，除去理論上的不徹底性或者其他認識上的原因之外，巴士底獄和火刑柱的威脅令啟蒙學者不敢大膽放言也是重要原因。甚至到了六〇年代，當1762年伏爾泰大力宣傳梅里葉，寫信敦促他的啟蒙戰友廣為散發《遺書》摘要本時，曾任《百科全書》副主編的達朗貝(Jean Le Rond d'Alembert, 1717–1783)身在巴黎給他回信時還說：「您責備我們冷淡無情。可是我彷彿已告訴過您：火刑的威脅叫人興致索然。」❺

　　與這些十七、十八世紀的哲學家和啟蒙學者相比，無論是在他生前還是在他身後的，也無論是影響了他還是接受了他的影響的，梅里葉對天主教會以及宗教神學直截了當的否定和對無神論觀點鮮明的頌揚，都是空前的。在十八世紀初葉的法國，天主教教會勢力在政治和經濟上都佔據著絕對優勢，宗教狂熱肆行無忌，整個社會仍然深陷於宗教迷信之中，一般社會輿論仍然把無神論者看作沒有道德、不齒於人的無恥之徒，在這種社會氛圍下公然讚美唯物論和無神論是需要堅定的信念和巨大的勇氣的。或許有人會說梅里葉這

---

❺　〈達朗貝致伏爾泰〉，《伏爾泰書信選》，7月31日（1762年於巴黎），載
　　《遺書》第三卷，頁241。

種觀點鮮明的大無畏精神是在他的遺著中表達的，逃避了教會可能的迫害，因而不足為奇，不宜過高評價。筆者認為不能這樣看問題。因為那些面對火刑寧死不屈的泛神論者布魯諾、范尼尼等人誠然偉大堅強令人敬佩，但他們至死也沒有宣稱自己是無神論者。這裏需要的不僅是勇氣。他們不乏勇氣，甚至比梅里葉更為勇敢。比起梅里葉來，他們缺少的是理論的徹底性。

梅里葉以其唯物論和無神論理論的空前的徹底性，旗幟鮮明地向天主教會和宗教神學挑戰。

宗教神學以承認存在至高無上的精神實體——上帝和上帝創造世界為前提。千百年來，天主教神學家費盡心機，妄圖「論證」上帝的永恒存在。梅里葉要論證自己的無神論，必須首先對準這個神學核心進攻，向上帝宣戰，揭穿它的虛偽性，粉碎對他的盲目信仰。因此，在《遺書》中，梅里葉集中大量篇幅，從各個角度批駁上帝存在和上帝創造世界的神學教條。

梅里葉用唯物主義的自然觀與神學唯心論對抗。他指出，所謂存在一個超自然的、全知全能、無限完善的精神實體上帝和上帝創造世界、上帝是萬能的「始因」和「基原」等等論調，都是宗教神學的一派胡言，真正客觀存在的只有物質，物質才是世界萬物的唯一「始因」。

梅里葉對這一問題的論述是十分奇特的。他首先用經院哲學的語言和論證方式與神學家論戰，證明世界的物質性。他同意神學家所謂「存在物是存在於萬物之中並構成萬物的基原、本質和基礎的東西」的說法，但是認為假定一個非物質的、神聖的「存在物」的存在是無根據、無證明地假定了某種看不見的、不固定的、可疑的、「甚至對它連任何真正的概念都不能形成的存在物的存在」❻。他

嘲笑說，這個假定的神聖存在物是那樣不固定和可疑，雖然對它的存在已經爭吵了上千年，還是提不出任何可靠的證明和肯定的證據。他說：

> 任何地方都不存在的東西，是不能行動的，是不能在任何地方做任何事的。因此，在任何地方都沒有的東西，就不可能在任何地方創造任何東西。❼

神學家筆下的「存在物」絕不能成為萬物的「基原」和「本質」。梅里葉得出結論說，這個存在物不可能是一種超自然的、非物質的、捉摸不定的精神實體，而應該是可以感知和容易理解的具有廣延的存在物，這只能是物質。他認為「物質」這一概念要比假設一個精神實體的存在有力得多。他說：「物質存在物是能清楚而明確地認識的唯一概念。」❽他解釋這個「存在物」與自然界的關係說：

> 物質的存在物是存在於萬物之中的，萬物是由物質的存在物而來的，而萬物最後是可以歸結為物質，也就是物質的存在物的。❾

因此只有物質才是世界的真正「始因」和「基原」。

或許是作為神父，從接受神學教育開始，梅里葉一生讀了太多

---

❻　同❷，頁176。
❼　同❷，頁198。
❽　同❷，頁177。
❾　同❽。

的經院哲學家的著作的緣故，他在《遺書》中花費許多筆墨用這種經院哲學式的概念遊戲與神學家爭論，雖然不乏機巧雄辯之詞，卻也使他的著作顯得冗長、拖沓和乏味，現代人讀起來頗感沉悶。當然梅里葉自己也不滿足於這種經院式的「證明」。他要論述世界的物質性，真正依靠的是笛卡爾的物理學中關於宇宙生成的假設和古代素樸唯物論的原子論思想。

梅里葉十分公正而科學地對待笛卡爾及其追隨者。在批判笛卡爾唯心論的同時，梅里葉毫不猶豫地吸取笛卡爾物理學的唯物主義思想。法國十七世紀的哲學家和科學家笛卡爾是十八世紀法國啟蒙運動的偉大先驅者。他以懷疑論為武器，給天主教神學體系以猛烈衝擊，在歷史上具有很大的意義。雖然他的哲學是二元論，他的唯心主義形而上學在馬爾布朗士 (Nicole Malebranche, 1638–1715) 等人的闡釋下變成取代中世紀的繁瑣哲學為基督教作理性主義辯護的新的經院哲學，但是在他的思想體系的物理學部分（笛卡爾自稱他的體系猶如一棵大樹，形而上學是樹根，物理學是樹幹，其他學問是樹枝）即關於自然的學說裏，笛卡爾卻堅持了機械唯物主義。笛卡爾認為世界萬物都是由物質微粒構成的，物質世界按照自身的規律運動和變化，它的本質是具有廣延性。構成物質世界的每一物體都有長、寬、高三維，佔有一定空間，不斷進行著分離和組合的機械運動。至於物質分離、組合、運動、變化的原因，笛卡爾歸之為上帝的推動。按照他的說法，宇宙空間充滿了物質微粒，上帝給這種物質微粒以第一次推動，於是形成一種物質微粒的漩渦運動，經過一再分離組合，逐漸形成太陽、行星和宇宙中的一切存在物。這就是著名的笛卡爾宇宙生成論。笛卡爾的宇宙生成論假設啟發了後來的康德 (Immanuel Kant, 1724–1804)，促使康德提出影響深遠的

天體演化論。但是在十七世紀末、十八世紀初的法國，笛卡爾所影響第一位哲學家卻是梅里葉。

梅里葉身居偏僻的鄉村，受的又是神學傳統教育，世俗作家中除十七世紀法國文藝復興作家蒙田、拉伯雷（Rabelais，約 1494–1553）和外國的斯賓諾莎等人之外，他比較熟悉的就是笛卡爾和他的繼承者馬爾布朗士等，對十七、十八世紀蓬勃發展的自然科學知之甚少，對影響深遠的牛頓的力學和洛克的哲學也不瞭解，但是他熟悉古代作家的作品，對盧克萊修（Lucretius，前99–55年）情有獨鍾，盧克萊修的《物性論》(De natura rerum) 對古希臘德謨克里特（Democritus，前460–370）和伊壁鳩魯（Epicurus，前341–270年）的原子唯物論作了全面、系統、忠實的闡述，特別是突出了伊壁鳩魯哲學反宗教的傾向，把原子唯物論的整個體系，變成了一個從頭至尾以批判宗教為中心的無神論體系。盧克萊修的長篇哲理詩與梅里葉的思想如此合拍，《物性論》自然成了他的無神論經典。

梅里葉發揮古代素樸唯物論的原子論思想，吸收笛卡爾宇宙生成論的合理因素，提出：自然界的一切存在物，都是由「物質粒子」構成的，無限多最小的物質粒子有規則或無規則地旋轉、運行、聚集、變化，這種永恒的運動便形成了各種完美的或有缺陷的物體，大至日月星辰，小至人體和其他生物機體的細微結構。他說：

> 自然界中一切最美、最完善的和最奇妙的東西都只是由自然的運動規律和各個物質粒子的各種不同的相互關係產生出來的，各個物質粒子通過各式各樣的排列、組合及變形而成為一切存在的形態。❿

---

❿　《遺書》第三卷，頁45。

他分析說，物質微粒化合為一個產物以後，它們分離或分解得容易
與否，分解或早或遲，要以它們彼此化合的堅固程度和它們受毗鄰
物質粒子衝擊的強弱程度為轉移。這是生命體中疾病和衰亡的原因，
也是非生命體腐朽和損壞的自然原因。他還說：

> 在自然界中是世代交替在產生出新的存在物，這些存在物都
> 是物質粒子新的配合的成果。 ❶

他強調「無不能生有」，自然界是「自然而然存在的」，「物質不是
被創造的」，「非物質的存在物是不能製造或創造物質的」 ❷，「被
假定為精神存在物（如果有這種存在物的話，不過這一點是不應當
同意的）的存在物，永遠不能影響物質，對它產生任何作用，或在
它上面留下任何痕跡」 ❸。

　　梅里葉不但用「物質粒子」的永恒存在和運動來說明世界的物
質性，而且提出，人的靈魂或精神也是物質或物質的「變形」。他
認為人的一切精神活動，諸如思維、感覺、意志、願望、愛、恨、
歡樂、憂愁和心靈的其他一切感覺和激情，包括做夢，都是物質的。
他說：「雖然我們的思想、認識和感覺不成圓形也不成方形，雖然
它們沒有長度或寬度可以劃分，但它們完全只是物質的變形，所以
對比著構成我們身體各個有形部分的其他粗物質而言，我們的靈魂
只是我們身上的比較細緻和比較活動的物質。」❹梅里葉甚至認為人

---

❶　同❷，頁203。

❷　同❷，頁204。

❸　同❷。

❹　同❷，頁160。

的美德和惡行也是物質的變形。他說人們的美德不外是好的、極好的、誠實可嘉的作風和律己方式，而惡行則不外是壞的、卑鄙的和不體面的作風和律己方式，「所以這些好的或壞的品行和作風是可以在由物質構成的人身上看出來的，因此不能說惡行和美德不是物質的變形」⑮。

由於科學發展水平的限制和機械唯物論的局限性，梅里葉在當時不可能搞清楚感覺、思維等人類的精神活動（梅里葉有時候概括地稱之為「靈魂」）的生理基礎和本質屬性，他把精神活動等同於物質運動，抹殺物質與意識的質的區別，固然並不科學，但是他卻像古代原子論者德謨克里特、伊壁鳩魯等人一樣，堅持了唯物主義的一元論。梅里葉的結論是不言而喻的：沒有物質，便沒有精神；沒有肉體，也就無所謂靈魂。

在論述世界的物質性和物質與意識關係的同時，梅里葉還提出「物質自動」的思想，同樣繼承了古代唯物論的傳統，從物質自身尋找運動的原因，唯物主義地解決了物質與運動的關係。梅里葉這一思想是直接針對天主教神學教條提出來的，在他批判宗教神學、宣傳無神論的整個思想體系中具有特殊意義。神學家宣揚上帝是永恒的、不動不變的存在物，上帝不但創造了萬物，而且使萬物運動和變化。梅里葉對此指出：怎麼能設想世界上千變萬化的事物是由一個不動不變的存在物推動的呢？只有物質才能推動物質，只有運動才能引起運動，物質運動的原因只能在物質自身裏尋找，而不能歸結為超自然的精神實體。在梅里葉看來，世界上千差萬別的事物之所以運動變化，根本原因在於構成各個物體的物質粒子的固有運動。他說，微小粒子沿直線、弧線或圓周運動，形成物質的「渦流」，

⑮　同⑩，頁152。

構成各種物體，物體的成因就決定了物體必然具有運動的屬性。因此，他提出物質不僅不是被創造的，而且物質的運動也不是被賦予的，物質運動的原因就在物質自身之中。他一再說：「物質本身具有運動能力」，「把運動能力歸於物質本身，要比枉費心力地、毫無必要地陷於這樣多不可克服的困難，在物質之外去尋找所謂的物質運動本原要合理得多、可靠得多」❶。

梅里葉「物質自動」思想給宗教神學以沉重打擊。既然物質世界是唯一的客觀存在，既然運動是物質自身的屬性，宗教所宣揚的神就失去了立足之地，神學家所謂上帝賜萬物以生機等等對神的讚頌便統統成了鬼話。「物質自動」思想是梅里葉論述無神論的有力武器。

不僅如此。梅里葉關於物質自動的觀點，還突破了機械唯物論的歷史局限性，在唯物主義哲學的發展中也有重要價值。梅里葉生活的十七世紀末——十八世紀初，正是形而上學機械論思想佔統治地位的時代，當整個時代的科學家和哲學家都無法說明物質何以運動，而不得不以「上帝的第一次推動」為遁詞的時候，梅里葉物質自動觀點就顯得極為突出和耀人眼目。雖然，梅里葉對物質與運動統一性問題的認識還具有很大的猜測和臆想成份，他的論述也顯露出素樸性和不夠精確等缺陷，但他畢竟唯物地回答了這一重大哲學問題，並且閃爍出辯證法的思想光輝，對十八世紀法國唯物主義哲學思想的進一步發展產生了深遠影響。

梅里葉不僅一般地通過論述自己唯物主義的自然觀，從哲學的角度闡發無神論思想，從根本上否定了上帝的存在，他還深入到《聖經》和神學著作內部，抓住宗教觀念的內在矛盾，不厭其詳地一一

❶　同❷，頁218、226。

具體駁斥神學家關於上帝存在問題的種種「論證」。

　　否定神的存在是梅里葉無神論思想的核心和終極目標，為了加強自己論證的力量，梅里葉首先列舉了許多不承認有神的古代和當代學者名人。他的說法有時不免武斷或者牽強，卻十分有趣，為他駁斥經院哲學家關於上帝存在的繁瑣論證的枯燥文字增添了些許趣味和可讀性。梅里葉說：

> 這裏不妨預先指出，關於神的存在的信仰或信念不是一向到處為人所接受而在人們當中確定起來的，許多人不僅一向就懷疑神的存在，而且完全否定神的存在。❼

　　他說，且不談有許多民族，根據這些民族過去的記載來判斷，他們根本不知道有什麼神；僅就古希臘羅馬以來的歷史看，各個時代中最有教養、最有學問和最明智的人，都是最不相信神的存在的。他說，例如蘇格拉底（Socrates，約前469–前399），被認為是當時最明智的哲學家，當蘇格拉底被控瀆神時，他甚至認為不值得辯白，來推卸這項所謂的罪名，以無比的英勇精神飲下了當局命令他喝的毒藥；亞里士多德（Aristoteles，前384–前322）是另一個例子，他是當時最偉大的哲學家，被稱為自然的天才，他也被控有瀆神思想，被迫遠走科爾希達，63歲時死在那裏；哲學家柏拉圖（Platon，前427–前347）也是個例證，人們因他的思維的獨特性而尊稱他為聖者，他在《法律篇》中禁止用神來恐嚇人；……。梅里葉還列舉了一系列他所謂「名人學者」，從阿拉伯哲學家阿威羅伊（Averroés，1126–1198），教皇里奧十世(Léon X, 1513–1521)到攝政王奧爾良公

爵，指出這些人或者不承認有神，或者用玩笑的口吻談論神的存在。他特別提到1619年被法國圖盧茲市法院判處火刑殘忍處死的意大利人文主義者范尼尼和荷蘭哲學家斯賓諾莎，說他們「是無神論者」，「不承認任何神」。

列舉之後，梅里葉得出結論說，「大部分高級社會的人，特別是有勢力的人和學者的真正見解就是這樣的」**⑱**，教皇里奧十世和逝世不久的攝政王等人，他們在談論宗教問題時口氣是那樣冷淡和隨便，他們過份地愛戀塵世生活和塵世福利，他們不關心神的榮耀和自己靈魂的得救，不大想到另一世界去享受莊重地許給他們的天堂中無美不備的永久報償，也不大害怕用來嚇唬他們的所謂地獄的永久苦難和懲罰。梅里葉說：「這一切都清楚地表明，他們絕對不相信自己在這方面對別人所說的話」**⑲**。

梅里葉逐一批駁天主教神學家關於上帝存在的「論證」，他在這些批駁中的議論機智而又風趣，常常構成《遺書》的精彩片段。

天主教經典和神學著作都把「無限完善」說成是上帝最根本的特徵，梅里葉首先抓住這一問題從多方面加以批駁。

梅里葉指出，宗教關於上帝是無限完善的存在物的觀念，完全是關於虛幻的存在物的觀念，是在「編造啞謎」。他認為，「無限完善的觀念只是智力的虛構物」，這是既不能用理性的論證，也不能用感性的事實加以說明的不可捉摸的觀念。因為一方面把上帝描繪成無形無象、無影無蹤，一方面又說它具有無限完善的特性，這是難以想像、無法理解和自相矛盾的。他指出，如果上帝真是一個無限完善的存在物，他必然有無限完美的存在方式和無限完美的變形，

---

⑱　同**❷**，頁155。

⑲　同**⑱**。

但是神學家在宣稱有無限完善的存在物的同時,又提出它沒有形態,沒有狀貌,沒有廣延,人不能直接感知,這是極其荒唐可笑的,只能證明這個存在物不但不是無限完善的,而且根本就不存在,完全是虛構出來騙人的。梅里葉寫道:「容易想像有廣延和有組成部分的物體的美和善,但怎能想像無形式、無狀貌、無組成部分和無任何廣延的存在物的美和善呢?不用說,這是完全不可想像的。」❷。

　　神學家利用自然事物的「完善性」證明造物主的存在。他們聲稱,完善的事物一定是一個無限完善的造物主創造的。他們說,他們根據自然界一切事物中所發現的偉大、卓越、美觀、有秩序、有規律、有計劃以及美妙的聯繫,得出一定存在一個無限完善的造物主的結論。他們確信,整個大自然都是上帝無窮技藝的表現,世界的奇妙構造顯示著存在一個創造世界的無限完善的巨匠。梅里葉指出,神學家把這種說法當成他們論證上帝存在最有力的論據。事實確如梅里葉所說,用自然事物的完善性證明造物主的存在不僅是神學家手裏的一張王牌,而且在人類幾千年的認識史上令無數科學家和哲學家困惑不解。十七、十八世紀風靡百餘年的自然神論,諸多成因之一就是對宇宙秩序、完美自然的成因困惑不解。從英國的培根(Francis Bacon, 1561–1626)、洛克(John Locke, 1632–1704)、牛頓(Isaac Newton, 1642–1727)、舍夫斯伯利(Shaftesbury, 1671–1713)、托蘭德(John Toland, 1670–1772)到法國的伏爾泰、孟德斯鳩、盧梭、孔狄亞克甚至早期的狄德羅,都是自然神論者,他們都被迫承認上帝存在。這些自然神論者當然不同於神學家,他們是唯物主義者,但是他們的機械唯物主義的形而上學認識論和受當時自然科學發展水平的局限,使他們不得不以虛構「宇宙設計師」為遁

---

❷　同❶,頁79。

詞。但是使神學家得意洋洋和使自然神論者大惑不解的這個以自然事物的完善性證明上帝存在的「論據」，卻被梅里葉幾句機智的推理輕而易舉地否定。梅里葉說，按照神學家的邏輯，凡是完善的事物都一定是造物主創造的，而上帝又是無限完善的，那麼上帝一定也是另一個造物主創造的了，以這種邏輯推論下去，可以認為存在著無窮多個造物主，這顯然是違背教義，為教徒們所反對的，可見利用自然事物的完善性並不能證明上帝存在。

神學家爭辯說，上帝和自然事物是創造和被創造的關係，無限完善的上帝是造物主，而他自己卻是自然而然產生的，除他本身之外，不需要任何產生的源泉和存在的根據。梅里葉指出：

> 這個理由顯然是站不住腳的，這不僅因為他們把本來有爭議的東西毫無根據地任意加以假定，而且因為說明並假定世界是自然而然地產生的，和說明並假定上帝是自然而然地產生的，是同樣容易的。❹

此外，就這兩種假定來說，把現實的物質世界看成自然而然存在的，比把看不見、找不到、想像中的上帝說成是自然而然存在的，要有根據得多。梅里葉說，上帝「自然而然」存在的假定，不論在認識自然方面還是在解釋自然方面，都對我們沒有任何幫助，神學家想用這種方法來擺脫一種困難，又會陷入另一種困難，因此是完全無用的。

梅里葉還用現實世界的罪惡和苦難與所謂上帝的「無限完善」對比來否定上帝的存在。他指出，如果真有無限完善的存在物即上

---

❹　同❷，頁165–166。

帝存在，如果他果真從善良、賢明的本性出發創造世界，那麼他就
應該創造一個無限美好的世界，把一切事物都創造得盡善盡美，讓
創造物與造物主的無限完善性相稱。然而現實世界卻存在著那麼多
缺陷和痛苦，惡德和殘暴的強霸勢力幾乎到處可見，爭執和分裂幾
乎到處佔上風，公正無辜的人幾乎都在沉重的壓榨下呻吟，貧窮的
人幾乎都因貧困而憂愁萬狀等等，這一切都是無可懷疑的證據，證
明根本不存在無限完善的上帝。他說：

> 我根據世間一切有形物都有惡德、缺點和不完善之處，而世
> 人和一切動物在生活中都遭遇不幸和災難，從而得出並不存
> 在這種存在物的結論。㉒

對於安瑟倫(St. Anselm, 1033–1109)關於上帝存在的「本體論
證明」，梅里葉也進行了批判。

歐洲中世紀經院哲學的發展有兩個高峰，分別以十一世紀的安
瑟倫和十三世紀的托馬斯·阿奎那 (Thomas Aquinas, 1226–1274)
為代表，前者利用柏拉圖主義和新柏拉圖主義，後者利用亞里士多
德哲學，繼奧古斯丁 (St. Augustine, 354–430) 教父學之後，為基督
教信仰主義披上理論外衣。關於阿奎那容後再講，這裏先談安瑟倫。
安瑟倫是意大利人，1093年任英國坎特伯雷大主教。他明確提出理
性服從信仰的原則，讓哲學為宗教服務。作為著名神學家，他一生
勤奮思考和寫作，終以提出「本體論證明」而彪炳教會史。安瑟倫
於西元1077–1078年期間寫成《論道篇》(*Proslogium*)一書。關於上
帝存在的「本體論證明」，就是在《論道篇》中提出的。

㉒　同❿，頁61。

在歐洲中世紀哲學史中，有所謂「唯名論」和「唯實論」之爭。安瑟倫就是一名唯實論者。他論證了一般與個別關係的唯實論觀點。他認為，「一般」、「共相」是意識之外的唯一實在，是不依賴個體而獨立存在的實體。個體只是作為一般的結果而存在，一般是個體存在的基礎和服從的原則。依據這種哲學，安瑟倫認為想像一個「在一切可能的想像中最偉大的存在」是可能的，這個最偉大的存在必然以客觀實體而存在。他寫道：

> 上帝的存在是極其真實、無可懷疑的，要設想上帝不存在是不可能的。一個不能設想為不存在的事物既然可能被設想為是存在的，那麼，這個存在物就比那種可以設想為不存在的事物更為偉大。因此，那個不可設想的、沒有任何存在與之相比的偉大存在如果竟被設想為不存在，那就等於說，它與那種可以設想的、沒有任何存在與之相比的偉大存在是相同的，這個說法是荒謬的。所以，那個我們不能設想的、沒有存在與之相比的偉大存在乃是真實的存在，我們不能說他不存在。這個偉大存在就是你，聖主啊，我的上帝！ **㉓**

讀者在這段引文中可以體會經院哲學是一種什麼樣的文字遊戲。其實掀開故弄玄虛，這裏的推理十分簡單，用一句話來說就是：上帝的偉大必然包含著上帝的存在；如果上帝不存在，上帝就不偉大了，就不符合我們所能設想的上帝觀念了。換言之，所謂上帝存

㉓　查理斯・沃斯：《聖安瑟倫的論道篇》，牛津1965年版，頁119。轉引自呂大吉：《西方宗教學說史》，中國社會科學出版社，北京，1994年版，頁96–97。

在的本體論證明，就是從上帝這個概念直接推論出上帝的存在。根據安瑟倫本人和其他經院哲學家解釋，它的大意是：上帝這個概念本身就意味著無限完善性，而「無限完善」必然包含著「存在」這個特性，因此上帝是必然存在的。

安瑟倫的論證對天主教神學後來的發展影響很大，許多神學家致力於此道，挖空心思「論證」上帝存在。針對這種玩弄概念的把戲，梅里葉指出，這種所謂「論證」不過是一種自欺和欺人的詭辯而已，因為它的前提就不能成立。梅里葉辛辣地說，如果從一個所謂無限完善的概念便能推論出無限完善的上帝的存在，那麼按照同樣的邏輯，可以推論出無限個無限完善的東西來，例如無限完善的人，無限完善的馬，無限完善的家禽等等，顯然是荒謬可笑的。

梅里葉還批判了關於上帝存在的「目的論證明」。神學家們認為世界是合目的的創造物，一切自然事物的存在和變化都符合著某種神聖的天意，體現著一定的目的，以此論證上帝的存在。把自然事物的存在和變化附會某種天意在人類認識史上由來已久，但是用它來論證上帝存在則始自托馬斯・阿奎那。托馬斯・阿奎那也出生於意大利，是十三世紀以來最著名的天主教神學家。他一改奧古斯丁和安瑟倫等人用柏拉圖哲學論證基督教信條的傳統，利用亞里士多德的哲學對基督教教義重新論證，史稱托馬斯主義，成為羅馬天主教的正統神學。

托馬斯・阿奎那反對安瑟倫上帝存在的本體論證明，認為安瑟倫的先驗論證明不行，他主張應用後天性的歸納法證明，即通過對上帝所產生的種種結果的經驗，推知這些結果的原因的存在。托馬斯・阿奎那在其所著《神學大全》(*Summa Theologiae*)中一口氣提出了五個歸納證明，他稱之為通向上帝的「五個途徑」，簡稱「五

路」。　五個證明可以分為兩類，前三者推理方式基本相同，一般稱為「因果律證明」或「宇宙論證明」；後二者被稱為「目的論證明」。以第五個證明為例：

> 第五種方法是關於事物的條理。因為我們看到有些無知的東西，如自然物體，它們都有目的地活動著，而且總是或者往往按照同一種方式進行活動，以便達到最好的目的。顯而易見，它們之所以達到目的，不是出於偶然，而是遵循著一個主意。可是，無知的東西如果沒有受到某一個有意識的和有理智的指導，是不會追求什麼目的的，如同箭由射手來掌握那樣。所以應當有一個有理智的存在者，由於它，一切自然界的事物才達到目的。這個存在者，就是我們說的上帝。❷

這裏明顯可見，托馬斯・阿奎那利用亞里士多德「四因論」理論的「目的因」，　來論證上帝存在。他認為世間萬事萬物如此井然有序地向一定的目標發展，是由於一個外在的有理智的制定者和組織者在規定它們的活動範圍和活動方向，否則不可能協調地實現各自的目標。他武斷地認定這個制定者和組織者就是上帝。他的目的論歪曲了亞里士多德四因論的目的因理論。亞里士多德所說的目的因，指的是自然界存在內在規律，並沒有說冥冥之中有上帝在統治和指揮。

梅里葉對目的論的批判，與教會史上有些神學家不同意托馬

---

❷　托馬斯：《神學大全》第一集第二題第三條。轉引自傅樂安：《托馬斯・阿奎那基督教哲學》，　上海人民出版社1990年版，頁65。該文為傅樂安先生從拉丁文直接譯出。

斯・阿奎那的說法所進行的反駁不同，他完全擺脫托馬斯・阿奎那甚至亞里士多德的思路，用自己的唯物論哲學與之對立。他從唯物主義的自然觀出發，指出在自然事物的形成發展中，根本不存在目的因。因為目的因理論混淆了自然產物和人工產物的區別。梅里葉說，人有理智，人的活動具有一定目的，人工產物是根據一定意圖創造的；然而自然產物卻完全不同，因為自然沒有理智，並無目的可言，世界上的一切自然事物都是盲目的自然力量湊合而成的。他說，自然的產物是用那種依靠本身固有的自然運動自己形成的材料創造出來的，它們通過各種選擇、結合和變形可能產生和形成一些產物。「這些產物都自然地有秩序地得到現在的位置」，「自然界產物可以藉運動的自然規律的力量和作用自己形成並達到它們現在所達到的秩序」❷⁵梅里葉強調構成萬事萬物的每一個物質粒子的運動是盲目的，但是無限多物質粒子的各自盲目運動必然互相影響和制約，從而形成一定的規律，物質粒子有規則的運動會經常產生慣常結果。「每當物質粒子處在類似的環境和條件下，它們就不得不循著一定的方向前進，這正好像河水循著河床前進一樣」❷⁶，「它們在這些地方並在同樣情況下會經常產生相同的結果，它們不需要任何別的力量來驅使自己運動，也不需要任何別的智慧來支配自己的運動。」❷⁷他重複說，某些物質粒子在某些情況下按一定方向給自己開闢軌道以後，由於時間條件、地點條件或其他情況而不得不聚集、化合並按一定方式起著變化。每次當這些物質粒子處在類似情況下，處在類似的時間和地點條件下，它們同樣就不得不總是循著同一軌

---

❷⁵　同❿，頁101。

❷⁶　同❿，頁95。

❷⁷　同❿，頁93。

道前進，並照同一方式起著變化，因而產生一些相同的結果，這裏既無目的可言，亦無智慧可言，有的只是自然規律。他總結自己的觀點說：

> 毫無疑義，就我們在大自然裏所見到的這一切美妙的和驚人的產物的產生和形成而論，除了物質各部分的不同組合、變化和化合之外，不需要任何其他東西。❷

梅里葉除去對宗教神學宣揚的上帝存在論進行反覆批駁以外，對基督教其他教義和信條也進行了批判，例如關於神三位一體、神啟、神蹟、原罪、靈魂不死等等，通過揭露宗教神學關於這些教義的自相矛盾和荒誕不經的解釋，充分揭示了宗教違反理性和宣揚蒙昧主義的荒謬性。特別是他對於「原罪」和「靈魂不死」的剖析，進一步觸及了天主教信仰體系的本質，對宗教神學的鞭笞更為深刻有力。

按照基督教的說法，人類是天生有罪的，罪惡的根源是上帝最初創造的兩個人亞當和夏娃，違反上帝禁令，偷吃了伊甸園的智慧果。因此不僅「人祖」亞當和夏娃，而且他們的子子孫孫即人類的世世代代都要為此受苦受難以贖罪，這就是所謂原罪說。

身為神父，梅里葉對基督教的教義和經典非常熟悉。由於他早已識破這些教義和經典的荒誕不經，並且在思想上早已與這些被一般教徒視為神聖的神學迷信決裂，當他臨終寫書揭露和批判這些教義的時候，他的議論顯示出一個深思熟慮的無神論者的堅定性，而且字裏行間既充滿了對神學迷信的蔑視，又表現了他的議論的邏輯

---

❷ 同❿，頁88。

力量、論辯的機智風趣和對宗教愚弄、欺騙廣大信徒的極大義憤。梅里葉用「內行」的眼光審視這些教義，他的批判入木三分，他的論證力透紙背。

梅里葉用一個基督教叛逆者的口吻首先敘述這個「神話」說，基督教教導並責令人相信，上帝創造了第一個男人和第一個女人，他們在身體上和精神上都是極完善的，也就是完全健康的，有著完美的理性和純潔，身體上沒有任何缺陷，精神上沒有任何毛病；上帝把他們放在快樂而舒適的地方，他們把這裏叫作地上樂園，他們如果永遠忠實聽從上帝的話，他們和他們的所有子孫後代就可以完全滿足地住在那裏。可是由於毒蛇的慫恿，他們不當心地吃了上帝禁止他們吃的果子，這就構成了罪名，把他們馬上趕出地上樂園，同他們的子孫（也就是全體人類）陷入現在生活中的一切苦難，還受到永久的懲罰，即永久脫離上帝，永遠受上帝的憤恨和惱怒，永久在地獄裏遭受想像所能及的各種最殘酷、最可怕的折磨和刑訊；依據基督徒的說法，如果上帝不對人類憐憫，不對他們表示仁慈，不派出贖罪者來解脫他們這種懲罰的話，那麼全體人類都要無一例外地受這個永久的懲罰和折磨。這個贖罪者就是「聖子」耶穌基督，「他化身為人，接受了身體和靈魂來拯救世界」❷。梅里葉說：他出身猶太人，是個名叫約瑟的木匠的兒子，母親叫馬利亞，她在生下耶穌之前和生下耶穌之後永遠是個處女，「這個宗教狂熱病者耶穌基督，走遍加利利，宣傳他所想像的天國就要到來的新教義，最後，他在耶路撒冷被作為一個誘惑人民的人和造反的人而釘死在十字架上。」❸這樣耶穌基督就用自己的死為人類贖了罪，流自己的血來

---

❷ 同❷，頁50。

❸ 同❷。

「滿足」上帝，即自己的父親的公正裁判。因為人類，首先是他所創造的第一個不聽話的人以他的罪孽曾卑鄙地污辱了上帝。「據我們的基督徒說，這項滿足有著無邊的功勳；他彷彿用這來贖回了一切人在地獄中的永久懲罰和永久苦難」，因此「他們把他叫作自己的神聖救主和贖罪者」❸。梅里葉說，我們的基督徒在這個問題上的教義和信仰就是這樣的。他們的宗教教導他們這個奇怪的教義，並用懲罰、貶斥和永久的詛咒的威嚇，強逼他們相信這種教義。

梅里葉認為，所謂原罪云云不過是一個荒唐無稽的神話，雖然神學家和一切教士、神父都把「原罪」掛在嘴邊，並以此為根據不斷進行說教，它所能證明的只是基督教教義都是卑鄙的捏造和虛構。梅里葉機智地用宗教之矛刺宗教之盾，展開一個個詰難，用以揭露教義的虛偽、可笑和荒謬。

梅里葉質問道，既然上帝是全知全能的，他為什麼不事先制止亞當和夏娃偷吃禁果，不預防這一事情發生呢？「如果他沒有去阻止他們，那無論如何也不是因為他沒有足夠的威力。由此可見，如果上帝不去阻礙人，那就是說他不願意去阻礙人；換句話說，這就意味著上帝違反了善良和智慧的本性，因為善良和智慧的本性永遠是要盡可能地賜福和防禍的。」❸如果基督徒不同意這個結論，那就是說亞當和夏娃能夠違反上帝的禁令，因而證明上帝並非全知全能。

梅里葉還問道，由於亞當和夏娃吃了兩個果子這樣一點小事就要永久懲罰人類的世世代代，這不表明上帝太殘暴了嗎？他說，被認為是無限善良、無限明智的上帝，創造了人之後本應使他們充滿自己的善和仁慈，使他們永久愉快地滿足於地上樂園，可是上帝在

❸　同❷，頁51。

❸　同❷，頁61。

把人創造出來以後，卻使所有的人因為一個人的過失，而且是在花園裏不知輕重地誤吃了禁果的輕微過失遭受痛苦和災難。這個過失實際上是一件小事，它本身不會造成什麼後果，對上帝和任何人也不會造成損害，而且犯過失時並沒有任何惡劣意圖，即使在今天也值不得挨一鞭子的，可是無限善良、無限明智的上帝卻因為這一件微不足道的小事「竟想把整個人類滅絕，對他們全無仁慈」，「上帝怎會陷入這樣的瘋狂，為了一個僅僅吃了他所禁吃的蘋果或李子的過失，而想加害全體的人，使他們陷於永久的不幸呢?」❸ 梅里葉說，這個神話「更為荒誕的地方」， 是基督教硬說，上帝不僅用人世的不幸來懲罰人的罪行，而且還在另一個世界中加以更嚴屬的懲罰，承受地獄的永久苦難。他指出：

> 要知道，這就意味著把上帝的報復提到極端的殘酷、野蠻和無人性的程度，也許在世上曾經有過的一切最殘酷的暴君中，也找不到一個想這樣做或有膽量這樣做的人。❸

至於教會在「原罪」神話中關於耶穌基督救世主為人贖罪的說法，梅里葉認為更是荒謬至極。神學家說上帝所以因亞當夏娃偷吃禁果而懲罰人類，是因為他感到自己受了嚴重侮辱。梅里葉說這是「想像的侮辱」。他問道：永恆的聖父，願意把自己的兒子交給人們，使他讓人們當作壞蛋，與強盜一起殘酷而可恥地處死，拿他的死來補償和贖取僅僅違反了上帝的禁令而吃了蘋果或李子的犯了輕微過失的人類對上帝的侮辱，這是可能的嗎? 無限明智的上帝，因為一

---

❸ 同❷，頁66。
❸ 同❷，頁67。

個蘋果覺得受了人的侮辱，為了我已經說過連用鞭子抽打都不值得的小過失而決定把所有的人都拋棄，使他們去死，使他們永遠不幸，可是後來突然又以人們把他的聖子釘在十字架上的嚴重的殺害神的代價來寬恕和容忍人類。天上地下，都要為這怪異的教義而驚奇。「整個基督教就是建築在這種所謂神人、被鞭打的神、被吊死的神、可恥地死在十字架上的神的神秘上的。還有比這更可笑、更荒謬、更妄誕的說法嗎?」 ❸

梅里葉總結說，原罪說是愚蠢的，不可信的，而且神學家藉原罪說宣揚對上帝盲目信仰的種種鬼話也是不可信的。原罪說只是表明：「這樣的上帝是應該仇視、厭惡和詛咒的，甚至是應該永遠詛咒的，因為他比世上過去所有和今後可能出現的一切殘酷的暴君還要殘酷。」 ❻

除原罪說之外，在梅里葉對基督教諸多信條荒謬性的揭露和批判中，所謂「靈魂不死」問題是另一重點。

一切宗教都把靈魂不死當作基本信條。相信靈魂不死是關於「天堂」、「地獄」之類通俗迷信存在的前提。《聖經》和天主教神學家也大談來世的天堂之福和地獄之苦，而且使這種通俗迷信具有一種「理論」色彩，以「論證」的形式出現，具有更大的欺騙性。

神學家們說，靈魂和肉體不同，人的肉體可以死亡，但靈魂是永存的。他們的根據就是所謂靈魂的非物質性。他們提出，靈魂是非物質的，非物質的東西沒有廣延，不能分割，不會被破壞，永遠保持原樣，因而靈魂不會死亡。梅里葉發揮自己的唯物主義哲學思想，深入駁斥了神學家的說教。他指出，靈魂不死論是一個「虛偽

---

❸　同❷，頁73。

❻　同❷，頁68。

的假設」， 這個假設的依據，所謂靈魂的非物質性，更是「空洞可笑的臆想」。

梅里葉從兩個方面具體批駁靈魂不死論。

一方面，他根據靈魂是物質變形的觀點，認為所謂靈魂，就是人的思想、認識等精神活動，這種精神活動只是物質運動的一種方式，是人身體裏比較精細和比較活躍的物質粒子的運動。前面講到梅里葉關於世界的物質性思想時已經談到這一點。在批駁靈魂不死論時他繼續反覆闡明自己的觀點，並說：從人的精力和能力隨肉體狀況而轉移，即靈魂隨肉體的強健而強健，隨肉體的衰弱而衰弱，可以看出靈魂不是不死的，肉體死亡，也就無所謂靈魂。如果靈魂是非物質的和不死的實體，它的精力和能力絕不會取決於肉體的構造和肉體強弱狀況。梅里葉特別引證了1708年3月份出版的《歷史雜誌》刊登的一首詩以加強自己的論證：

> 當身體在年齡增長的重擔之下
> 終於開始衰老的時候，
> 顯然智力也在年齡增長的重擔之下
> 跟肉體一道衰退下去。
> ……
> 在衰頹的身子裏，殘存的智力
> 也只是昏憒的和麻木不仁的。❸

梅里葉說，或許有人會問：如果靈魂不是非物質的和不是不死的，那麼當一個人肉體死亡的一瞬間，這種構成靈魂的活躍而細緻

---

❸ 同❿，頁161。

的物質粒子變成什麼或跑到哪裏去了呢？對於這樣的問題，可以毫不猶豫地回答說：這些物質粒子「在那一瞬間會立刻消散並溶合在空氣中，就像輕的蒸氣和輕的呼氣消散在空氣中一樣，或者大約同蠟燭的火焰由於本身所含的可燃物耗竭了就會悄悄地自行熄滅一樣。」❸

　　另一方面，梅里葉還從認識論的角度批判靈魂不死論。他根據自己素樸的唯物主義感覺論，提出從人患病昏厥時就失去意識，以及每日入睡後失去感覺和認識能力，可以推知人死以後，就不再能感覺和思考，意味著人的精神或靈魂隨肉體而死亡，因此認為靈魂不死是沒有道理的。他明確宣稱：「死就是生命的終止，同時也就是人們對禍福的各種認識和各種感覺的極限。」❸

　　梅里葉針對笛卡爾主義者馬爾布朗士等人宣傳靈魂非物質性觀點指出，不論想像某些物質變形在我們身上引起某些感覺和思維是怎樣困難，畢竟不能不承認某些物質變形使我們產生某些感覺和思維。他說：「不必因為我們對於任何一個物質變形怎樣在我們身上引起某種思想和某些感覺沒有顯明的概念而覺得差異」，「一切認識和感覺都起源於我們身體的自然構造，它們應當把我們對身外一切可認識的和可感覺的事物的感覺和認識傳遞給我們」❹。他強調：我們用頭腦在思維、在想像、在認識、在判斷，正好像我們用眼睛在觀看，用耳朵在諦聽，用嘴舌在辨味，用手在摸觸，用腳在走路，並通過自身各部分在感受快樂和痛苦一樣。我們無論如何都不能懷疑這些是事實。可是我們所看到的一切，我們所感覺到和認識到的

---

❸　同❿，頁160。

❸　同❶，頁18。

❹　同❿，頁158。

一切無疑都只是物質。他說:

> 剜掉我們的眼睛,我們還能看到什麼呢? 什麼也看不到了。
> 割掉我們的耳朵,我們還能聽見什麼呢? 什麼也聽不見了。
> 割掉我們的手,我們還能觸到什麼呢? 什麼也觸不到了⋯⋯
> 砍掉我們的頭,挖去我們的腦,我們還能思考什麼呢? 還能
> 認識什麼呢? 我們的生命在哪兒呢? 我們的思想和認識在哪
> 兒呢? 我們的快樂、安慰和喜悅在哪兒呢? 我們的悲傷、痛
> 苦和不快在哪兒呢? 我們自身又在哪兒呢? 不用說,哪兒也
> 沒有了。在這種情況下,設想我們還能有什麼思想、什麼認
> 識、什麼感覺,那是不可能的。❹

　　梅里葉除正面論述自己關於靈魂和肉體關係的唯物主義觀點,
來批判宗教靈魂不死信條以外,他還通過旁徵博引來加強自己的批
判。特別突出的是,在《遺書》中,他大量引證了古代唯物主義哲
學家盧克萊修關於靈魂與肉體同亡的詩篇。與此同時,梅里葉還把
對靈魂不死論的批判,從基督教推及一般唯心主義哲學體系。他認
為笛卡爾在肉體和靈魂關係方面的二元論思想是「荒謬可笑和完全
無用的」。他在《遺書》裏大量摘引馬爾布朗士等人關於靈魂非物質
性等言論,從唯物主義原則出發予以分析批判。他嘲笑古希臘的畢
達哥拉斯 (Pythagoras, 約前580–前500) 鼓吹靈魂轉世說,他列舉
畢達哥拉斯自述靈魂經歷說:

> 似乎畢達哥拉斯說過: 他很清楚地記得,他曾經是一個女人,

---

❹　同❿,頁159–160。

名叫阿斯帕西維，是米利都的有名的才妓；後來他怎樣變成
少年，在薩摩斯暴君那兒處於女人地位。之後，他又怎樣以
哲學家（在克拉帖斯的昔尼克）的形象降生；在此以後他重
又怎樣變成國王、醫生、太守、馬、松鴉、青蛙、雄雞。他
也記得：他曾經是莫考萊神的兒子厄塔利斯特，以後以葉夫
佛爾巴的形象轉生，在特洛耶之圍中被殺害；他又從葉夫佛
爾巴變成赫爾莫提馬；再一次轉生時，又從赫爾莫提馬變成
皮洛士，在皮洛士死後，才最後變成為畢達哥拉斯。❷

梅里葉這一段引文，尖刻辛辣地譏諷了鼓吹靈魂不死觀念的荒謬性，
他說：「如果這位哲學家真的講過和想過這些事情，那麼我一定嘲
笑地說，他最低限度在這方面是個瘋子而不是個哲人，他有愧於一
個哲學家的稱號。」❸

　　具體駁斥了靈魂不死論，梅里葉進一步指出，僧侶貴族和世俗
貴族總是利用靈魂不死的教條麻痺和恐嚇人民，用所謂來世「幸福」
和進入「天堂」的幻想誘騙廣大群眾，讓他們安於現實的苦難生活；
用關於「地獄」的無稽之談脅迫勞苦大眾心甘情願接受剝削和壓迫，
放棄為爭取人間平等和幸福而進行鬥爭。他寫道：僧俗統治者宣揚
靈魂不死，與他們侈談上帝存在、上帝萬能、人類原罪等等宗教信
條一樣，「他們這樣做就能維護自己殘暴地統治貧苦人民大眾的政
權；他們的政策在這方面所遵循的準則是必須使民眾見不到許多真
理，而相信各種鬼話。」❹在梅里葉看來，這些鬼話之一就是，基督

---

❷　同❿，頁160-161。

❸　同❿，頁161。

❹　同❷，頁247。

教宣揚並且勸人們要愛自己的敵人，要對害了你的人作好事。要當作不可違反的命令那樣遵守那些顯然要推翻正義和自然真理，同時有利於惡人而壓迫善人和弱者的耶穌基督的訓誡。梅里葉說，耶穌訓示不要與惡人作對，馴服地忍受他們的欺侮；對欺侮不僅不報復，甚至不發怒、不抱怨、不訴苦。耶穌還訓示有人打你的右臉，連左臉也轉過來由他打；有人要奪你的外衣，連內衣也由他拿去；要為那些詛咒我們的人祝福，對對我們作壞事的人作好事，當別人想奪我們的財產的時候讓他搶奪，要永遠心平氣和地忍受欺侮和不好的待遇等等。梅里葉說，基督教宣揚這些道德準則，是「與自然權利、健全理性、真理和天賦的正義，甚至與良好而合法的管理」❹相矛盾的，是「要推翻正義和自然權利」，「顯然有利於惡人，幫助惡人壓迫善人和弱者」❹。梅里葉揭露說，基督教宣揚容忍惡人，聽任被劫掠、被欺騙、被任意擺佈、甚至被活活燒死，而且還得愛惡人，祝福他們，為他們作好事，這一切都以改進道德為藉口，都以獲得永久報償即來世之福為希望，是完全空洞的和騙人的。他說基督教宣揚完善的道德就是為善的目的而經常受苦，硬說道德的完善和最大的福就是哭泣、呻吟、饑渴；就是對苦難的愛；人類最大的善就是想像的偉大仁慈和天國的報償，而且只有生前受盡苦難不幸，但能堅定地忍受而不改變自己的道德的男女才能具有並享受這種仁慈和報償，「向人民群眾宣傳努力尋求真正的不幸和苦難以便取得只存在於想像中的報償，這是非法利用群眾的天真思想和輕信心理」❹。

綜上所述，梅里葉對宗教神學的批判是堅決而深刻的，他用戰

---

❹　同❷，頁79。

❹　同❹。

❹　同❷，頁76。

鬥的無神論無情地撕下封建統治的神聖外衣，具有極強的戰鬥力，在啟蒙運動中產生了巨大影響。但是也必須指出，梅里葉的無神論及其哲學基礎，也存在嚴重缺陷。他的唯物論，一方面具有素樸的性質，在本質上正確的觀點中，摻雜著大量猜想和臆測的成份；另一方面又帶有同時代哲學思想共有的形而上學性，受到機械唯物論的局限，企圖僅僅用物質機械運動範疇概括物質屬性和運動形式，不懂存在與思維之間質的區別和辯證關係。他的無神論雖然正確指出宗教是「反自然的世界觀」，是愚昧的幻覺，宗教教義中充滿了矛盾和荒謬，揭露了宗教維護封建統治、麻痺勞苦大眾的作用，並滿懷激情，提出消滅一切宗教迷信的口號，但是，他並沒有真正認識宗教產生的根源，也找不到消滅宗教的正確途徑。對於宗教產生和滋漫這一極為複雜的社會現象，梅里葉只是簡單地歸結為欺騙和盲從。他喜歡強調的看法是：宗教最初由狡猾奸詐之徒捏造出來，繼而有騙子手、無賴漢復述，隨之被愚昧無知的群眾輕信，最後由國王和有權勢的統治者扶持和利用。唯心主義的歷史觀使他不能真正瞭解和科學說明宗教是自然壓迫和社會壓迫的產物。儘管梅里葉清醒地看到宗教的荒謬性和反動性，他關於消滅宗教的主張卻是不現實的。他企圖在生產力發展水平還很低，階級還存在和科學技術很不發達的歷史條件下立即消滅宗教，表明他的無神論思想具有很濃厚的空想性質。

第三章　梅里葉對封建制度的批判

　　撕掉封建專制制度的神聖外衣，梅里葉進而揭露封建專制制度本身的不合理和它所造成的社會苦難。在這種廣泛的批判中，充分反映出梅里葉的政治思想和階級傾向。梅里葉痛恨封建秩序和一切剝削、壓迫制度。他代表法國第三等級下層群眾，特別是早期無產者和貧苦農民的利益，申訴了他們的痛苦生活和不幸命運，表達了他們的階級要求和革命情緒。

　　梅里葉生活的時代，法國正處於封建制度由盛而衰趨於瓦解，資本主義逐漸發展，社會生產關係全面劇變的前夜。在這種新舊生產方式交替的歷史時期，社會關係的各個方面都暴露出無法調和的矛盾，政治壓迫和經濟剝削顯得分外殘酷，社會不平等和貧富懸殊極其鮮明。梅里葉深切關心法國貧苦的農民和無財產群眾的不幸命運，切齒痛恨以國王為首的僧俗貴族封建統治者、資產階級暴發戶和各式各樣的寄生分子。他站在承受著封建壓榨和資本剝削雙重禍患、飽嘗資本原始積累時期特殊苦難的貧苦農民和城鄉無產者一邊，無情揭發社會現實的一切罪惡，憤怒「斥責那些暴君、狠毒的財主和一切有錢有勢的人。」❶梅里葉的階級傾向和滲透在《遺書》字裏行間的革命精神，決定了他對封建專制統治的揭露和批判異常廣泛、

❶　《遺書》第三卷，頁216。

異常尖銳、異常深刻。

梅里葉在對法國封建專制制度的揭露和批判中，除去直接論述他自己的意見之外，還大量引用古代希臘羅馬作家和十七世紀法國著名學者蒙田、法奈龍(Fénelon, 1651–1715)、拉布留伊爾(La Bruyère, 1645–1696)等人的論述，特別喜歡引述當時流行的幾本匿名著作《馬薩林的精神》(*Esprit de Mazarin*)、《土耳其的間諜》(*Espion turc*)、《1694年歐洲之福》(*Salut de l'Européen 1694*)中的反教會和反封建專制的內容。這些大段的復述其實表達的完全是梅里葉自己的思想。

梅里葉對封建制度的批判，是從批判封建國家的總代表和最高統治者國王開始的。他引用柏拉圖在《高爾吉亞》中給暴君所下的定義：「能夠在社會中專橫地為所欲為的人」，認為「現在一切帝王都是暴君，因為他們可以為所欲為」。❷他說，柏拉圖時代的暴君只是在幾個城市裏專橫跋扈，現在的暴君是在整個省和整個王國裏為非作歹，濫用自己的權力，把個人的意志當作國家的法律。梅里葉指出，國王的本份應該是「英明地治理人民，遵守正義和法律」，做「社會公僕」，應當「像父親愛兒子一樣地愛自己的臣民」，❸而暴君的行為則完全相反，他像對待奴隸一樣對待自己的臣民。

梅里葉把國王和諸侯的暴政視為「使大多數人畢生不幸的禍害」。他說，世界上到處存在著這種禍害，國王和諸侯都是暴君，他們以最殘酷的方式不斷地蹂躪著可憐的人民，他們用很多苛刻的法律和經常壓榨人民的義務來使可憐的人民服從他們的統治。他說，在法國，「國王甚至王后現在成了對一切人的無限統治者，簡直就像

---

❷　《遺書》第二卷，頁123。

❸　同❷，頁142、143。

神一樣；好諂媚的人向他們說，他們是臣民的生命和財產的無限統治者。因此他們絕不會憐惜臣民的生命和財產；人人都成為他們的榮譽、虛榮心、貪慾和報復心的犧牲品，只看他們是受哪一種激情的鼓舞和吸引。」❹他們自認為有至高無上的權力，人民有義務滿足他們的一切要求。他們依靠軍隊和官吏，橫徵暴斂、敲骨吸髓，用強迫、恐嚇、暴力等辦法掠奪人民。例如，國王對什麼都徵稅，而且一倍兩倍地隨意增稅，生活用品中，從食物、煙、酒、鹽、羊毛、麻布、紙張到花邊、胡椒，無一遺漏；結婚、洗禮、葬埋要交稅；森林、水源要交稅；甚至蓋個廁所、在房屋上雕刻一個圖案也要交稅，「所差的只是沒有對風和雲徵稅而已」！❺

　　梅里葉揭露說，國王和他的大臣們以各種藉口向人民徵稅，幾乎天天都要增加新的苛捐雜稅，不斷發佈新的命令和指示強迫人們把他們所要的一切交給他們，滿足他們的一切要求。如果人民因為無力滿足他們的要求，在極短的時間裏交不出徵收的巨款，他們就派軍隊到鄉下去，用暴力強迫人民付款。這些「派到鄉村的駐軍或其他類似的匪幫」❻要由農民出錢天天供養，農民的房屋一次次被軍隊佔用，農民受到各種各樣的迫害、壓迫、蹂躪和搶奪。

　　國王和王國政府的橫徵暴斂除靠軍隊維持以外，還有其他的強迫措施，主要是把人民的財產充公和拍賣抵稅，把他們押入監獄，「以及使人民在殘酷奴役的壓迫下痛苦呻吟的其他暴力措施。」

　　國王和王國政府實行的「包稅人」制度和下鄉的其他收稅人「隨處可見的殘酷行為」，更加重了農民的痛苦，加重了這種可恨的、

---

❹　同❷，頁124。

❺　同❷，頁126。

❻　同❷，頁124。

令人氣憤的統治和壓迫。收稅人通常是些傲慢和蠻橫的人，窮人不得不忍受他們的各種各樣的粗暴行為，搶奪、詐騙、盤剝以及其他不公正的行為和虛偽的行為。

梅里葉在揭露封建勢力的最高代表國王的殘酷統治時還指出，國王不僅用苛捐雜稅證明自己是暴君，而且他們還不斷發動戰爭，總想擴大自己帝國的疆界，尋找藉口與鄰國作戰，靠犧牲人民尤其是貧民的生命財產侵佔他人的國家或省份。國王想叫貧民出多少人就得出多少人來當兵，有時候用勸導的辦法讓他們去當兵，有時候，在必須由官吏來抓人的地方，就用暴力抓壯丁。梅里葉說，戰事一起，農村居民經常受粗暴的士兵的蹂躪、欺負和迫害，士兵在路上見什麼就拿什麼。當軍隊侵入敵境時，就用無情的燒殺，把整個地區都徹底破壞、摧毀乾淨。梅里葉說，這就是法國近幾代的國王的殘暴行為經常產生的後果，「因為沒有人能像他們那樣建立這樣極端專制的政權，並把治下的人民變得那樣貧窮、奴性和卑賤。」❼

梅里葉特別抨擊了把法國封建專制制度推向頂峰的路易十四。他寫道：

國王路易十四「妄信天無二日，民無二主」，「把這個世界看成自己的獨有物」，任何國王也沒有像他那樣使人民流這樣多的血，殺這樣多的人，使寡婦孤兒流這樣多的眼淚，破壞這樣多的城市和省區，「他號稱大王當然不是因為作了任何偉大而值得讚揚的事業，他根本沒有作任何配得上這個稱號的事，而只是因為他的極不公正的行為，在陸地和海上到處進行的大搶劫、大侵略、大毀滅、大破壞、大屠殺」❽。

---

❼　同❷，頁127。

　　梅里葉引述《馬薩林的精神》一書作者的話譏諷道，路易十四獲得「太陽王」的稱號，被擡到如此偉大的高度，是由下列因素促成的：廢除敕令，背棄諾言，違反他為了更能欺騙與他締約的人而對《福音書》所作的誓言。他從來沒有一絲不苟地履行過他所謂真誠的、以國王身份許下的諾言。路易十四號稱「大王」，　是因為他削弱了帝國和西班牙，而這又是由於他破壞了他自己所簽訂的條約；如果他因根除了法國的新教徒而偉大，那是因為他廢除了自己即位時宣誓遵守的敕令（指南特敕令），　他違反了誓言，廢除了他祖先在許多莊嚴的王室宣言中許給法國新教徒的特權，法國新教徒依靠這些特權才平靜地過了一百五十多年；如果路易十四是因為自己的機巧和戀愛私情而偉大，那是因為他違反了夫妻間應守的忠誠原則。這位國王的情人曼特農(Maintenon)夫人被人比作女神約諾。梅里葉繼續引述說，在路易十四統治下，在法國各省，到處只聽到對暴政和濫用職權，對搶劫和掠奪的哀號和泣訴，這些惡行使全體居民淪為乞丐，逼得他們拋棄一切。路易十四頻頻發動對外戰爭，不但給敵國人民帶來災難，也使法國民窮財盡。梅里葉引述《1694年歐洲之福》中的一段話加強對路易十四的批判說：「篤信宗教的安東尼皇帝說，他寧願拯救自己的一個臣民的生命，而不願殺死一千個敵人。國王路易十四的性格卻完全不同，他當然寧願犧牲自己的一千個臣民，而不願饒恕一個敵人。」❾

　　梅里葉對封建制度的批判不限於對路易十四或法國晚近幾個國王，而是把國王、貴族、僧侶、官吏等當作一個封建統治勢力的整體來進行揭露和批判的，而且他的視野十分寬廣，他超越法國國

---

❽　同❷，頁128。

❾　同❷，頁143。

界，他所要揭露和批判的是世上一切封建壓迫勢力。這個蝸居在窮鄉僻壤的鄉村小教堂的造反神父以滿腔怒火控訴大大小小的封建統治者「都是些嗜血的和殘酷的壓迫者」，「是一群令人髮指的暴徒」❿。他一語道破封建秩序的實質：封建專制制度就是「大人物的暴政」⓫。

梅里葉從兩個方面痛斥了這種「暴政」。 一方面，梅里葉揭露貴族、僧侶、官吏與國王勾結在一起壓迫人民；另一方面，梅里葉通過描述人民群眾的極端貧困和痛苦生活，揭露這種「暴政」的殘酷。

梅里葉首先揭發道貌岸然的國王和貴族的尊榮地位其實都是以令人痛恨的暴行為代價獲得和維持的。他引述《土耳其的間諜》一書說，如果我們研究一下貴族和君權的起源，我們追溯一下國王與統治者的家譜，直到他們的始祖，那就可以發現那些如此愛吹噓自己的高貴並以此驕傲自大的人們的始祖，都是些嗜血的和殘酷的壓迫者、暴君、陰險的叛徒、社會法律的破壞者、竊賊和弒父者。總之，最古的貴族只是一群令人髮指的暴徒而已，他們得到政權的支持，並依靠為維持崇高地位而必須進行的欺騙來維護他們的地位。到現在為止還用世襲、選舉或其他方法來維持貴族的繼承性，其結果只是把那種用駭人聽聞的、為人類所不齒的、羞於採用的手段而獲得並加強的太大的權力，永久交給了一些人而已。因此，不只是過去，就是現在，還把最不公正的侵襲行為、最強暴的掠奪行為用冠冕堂皇的個人正義和道德的幌子掩蓋起來，而把實質上是真正的搶劫叫作勝利成就。這些不公正的殘酷的掠奪者裝出他們彷彿維護

---

❿ 同❷，頁85。

⓫ 同❷，頁122。

人民的自由和權利、維護宗教和法律的樣子，可是實質上他們卻是
世界上最兇狠的暴君、偽善的騙子、不信神的人、壞蛋。梅里葉引
述《土耳其的間諜》一書作者的話說，這不僅適用於個別的家族，
而且也適用於起了任何重要作用並為自己造成了極大聲望的一切家
族。

　　梅里葉敘述了亞述王國、羅馬帝國等東西方大小帝國的統治者
為爭奪王位和篡奪權力所採取的弒君、謀殺、行兇、欺騙等等卑鄙
齷齪的手段，然後說：「各個時代和各國人民都為我們提供了類似
的例子，最高的地位總是以最令人痛恨的暴行的代價獲得的。」**⓬**
他說，無疑地，這就是所有驕傲自大的貴族和世上強者的偉大的真
正泉源和真正基礎。他們不應以有這樣罪惡的、卑鄙的祖先而炫耀，
而應當為他們的出身感到可恥。

　　揭露了國王和貴族不光彩的過去之後，梅里葉繼而指出，國王
周圍的顯貴都是善於阿諛奉承、獻媚取寵的佞臣。他描述這些宮廷
顯宦的醜態說，國王要獨斷專行，主宰一切，佞臣就向國王進言，
說他有權作世界上最高的專制君主；國王要橫徵暴斂，佞臣就說國
王可以任意徵稅，人民應該貧弱，只有貧窮和軟弱才能使他們馴服；
「儘管現在大多數帝王都只是一些驕傲自大的暴君，而大多數人民
只是一些在他們殘暴壓迫下的可憐的、不幸的奴隸，任何人都不敢
違抗國王，甚至連公開地譴責或指斥國王的行為都不敢。」**⓭**可是成
千的佞臣為了自己飛黃騰達，極力阿諛奉迎國王，把他的一切缺點
和毛病都隱瞞起來，甚至把他的毛病說成美德。不論國王怎樣缺少
才德，佞臣都把他描繪成罕見的、出色的天才和道德楷模。國王有

⓬　同**❷**，頁87。

⓭　同**❷**，頁149。

時候偶然對個別人做了點好事，佞臣就會極巧妙地、添枝加葉地宣揚。梅里葉說，對國王過份的、毫無根據的誇耀和讚揚就是由此而來的。各地設置的用來維持正義和良好秩序、制止惡行、嚴懲犯罪的法官和政權機關，對國王的惡行和不公正行為不敢採取任何制止的辦法；法官和政權機關追緝並嚴厲處罰的是一些極小的罪犯，把小偷和兇手絞死、砍死，可是對最大的、最有勢力的竊賊，對重要的、強有力的兇犯和縱火犯的蹂躪全國、肆意燒殺、使千百萬人死於非命，卻不敢說一句話。

在梅里葉看來，國王周圍的顯貴都是佞臣。朝臣之外的一般貴族，那些鄉下領主又怎麼樣呢？他說，實際上我們天天都可以看到他們對貧苦人民群眾的壓迫、暴行、不公正和粗暴的行為。他們到處佔據首要的、榮譽的位置，到處佔有最美麗的房屋、最好的土地，他們不滿足已擁有的世襲領地，還要用詭計和暴力來奪取他人的財產。他們要求把各種捐獻都交給他們，要求農民為他們服勞役，要求別人為他們效勞，而實際上任何人也沒有為他們效勞的責任。如果別人沒有把他們所要求的一切都交給他們，如果他們沒有看到人人都在他們面前卑躬屈膝，他們還是不滿意。「最沒落的貴族、最小的地主也極力想使人民懼怕他們，服從他們，向人民提出不公正的要求。」❹他們是人民的最大負擔，總想一會兒從這些人，一會兒又從另一些人那裏把某些東西弄到手，在可能的地方奪取一切東西。梅里葉說，完全有根據把這些人比作「腸蟲」，因為他們幹的事，正像腸蟲不斷地擾亂和折磨害腸蟲病的人的身體那樣，是折磨和吞沒貧苦的人民群眾的。寫到這裏梅里葉一定想到了他所在小教區的德·杜里老爺，這條小腸蟲的霸道曾使梅里葉氣憤和惱怒，同時也

---

❹　同❷，頁89。

嚐夠了遭受腸蟲折磨和騷擾的滋味。

　　佞臣和大小貴族之外，梅里葉對封建國家的大小官吏同樣進行了無情的鞭撻。他說這是「一類專門從事壓迫、掠奪、折磨別人、榨取別人所有的一切的人」 **⑮**，首先應當列入這一類人中的是通稱為司法人員，而實際上「是維護不法行為」的那些人，例如法院執行員、檢察官、律師、登記員、公證人和其他法院人員。這些人大多數實際上只想在執行司法權的藉口下吃光和搶光人民群眾。他舉歷史上的例子說：獲得「公正國王」外號的葡萄牙國王唐・彼得羅曾把國內所有的檢察員和律師都驅逐出境，因為他們總是造謠中傷別人，拖長訴訟來使原告、被告兩造破產；教皇尼古拉三世曾把公證人和訟棍都看作貧民的吸血鬼，看作社會的禍害而逐出羅馬。梅里葉說，其次應當列入這一類專門從事壓迫、掠奪、折磨、榨取勾當的還有大批的包稅人、檢查員、辦公官員、收稅員和「在食鹽和煙草專賣業方面的那許多只知道奔走各地、尋找詐騙對象的騙子和壞蛋」，這些人專門在貧民的破產中尋求愉快，在有人墜入他們的羅網、大撈到一把時才感到高興。梅里葉說，像我們法蘭西這樣的王國裏，至少有四、五萬人在為國王服務，在為國王收稅的藉口下從事壓迫和盤剝人民群眾，很多只愛搶劫和破壞一切落入他們手裏的東西的暴徒士兵還沒有計算在內。他重複說：「小官、收稅人、事務員、鄉村的小警官、食鹽和煙草專賣官員，在為國王服務和收稅的藉口下沒有一個不認為必須把自己扮成身份重要的老爺，沒有一個不認為自己有權蹂躪、壓迫和殘暴地統治貧民並欺凌他們的。」 **⑯**

---

⑮　同**❷**，頁106。

⑯　同**❷**，頁126。

梅里葉作了一輩子神父，他最瞭解的還是天主教會內幕和大大小小的教士的生活。因此在揭露和批判封建統治勢力的鬥爭中，教會和僧侶聚斂財富、欺壓群眾和維護以國王為首的世俗統治自然成為他批判的重點。事實上，作為一個社會下層的鄉村神父，梅里葉對王國政府這部龐大統治機器的運作和國王、廷臣、大貴族的政治鬥爭與日常生活缺乏瞭解，因而他的批判顯得抽象和空洞，缺乏系統的分析和生動的材料，只能作一般的議論和情緒激動的控訴，甚至不得不大量復述一些流行小冊子的內容。特別是由於缺乏完整系統的政治理論（例如與後來孟德斯鳩和盧梭等人比較），他的批判更顯得零散和抓不住要害。有關這些缺陷，下文還要作專門探討。這裏我們要說的是，談起教會和僧侶，情形就完全不同了。作為封建統治勢力的一部分和維護世俗封建統治的精神力量，梅里葉對基督教的本質的認識是深刻的，他的批判不僅大膽尖銳，而且感情充沛、語言生動。

梅里葉說，教皇、主教、神父、神學家和一切宗教人士、一切福音傳佈者，一向自詡在信仰問題上絕不會有錯誤，因而在性格上也應該無可非議。他們應該為人民的利益、為真理和正義而犧牲自己。「這些人應當極熱烈地捍衛正義和真理，極堅決而可靠地捍衛人民免遭不講正義的諸侯和國王的壓迫和侵害，可是他們卻往往正是國王最賣力氣的佞臣和阿諛者。」❼梅里葉「以子之矛刺子之盾」，首先引用《聖經》故事說，教士們卑鄙無恥地背叛自己的天職，因此現在可以重複一下古代某些所謂先知關於當時國王、祭司和偽先知所說的話：

---

❼ 同❷，頁150。

先知說,「王侯在人民當中就像獵食的惡狼和吼獅一樣,他們
時時準備使人流血喪命」,偽先知則「和他們一致行動,諂媚
地贊同他們的惡行和罪行」。⓲

　　梅里葉說,這種情況在現在的王侯那裏天天可以看到,因為國
王確實像獵食的惡狼和吼獅一樣,他們隨時準備把沉重的捐稅加在
人民身上,設立新稅、增加舊稅,也隨時準備燃起戰火,使許多人
流血喪命。他們隨時準備破壞城市,毀光田園。而作為宗教人士的
神父們,也像偽先知一樣,卻鼓掌贊成他們的醜惡意圖。梅里葉說,
神父們贊同王侯的醜惡意圖、一切暴行和不公正行為。他們在講壇
上那樣熱烈地誇誇其談,大喊大叫,對人民最微小的毛病和過失大
發雷霆,而對國王和當地諸侯的惡行和暴戾卻噤若寒蟬,他們甚至
教導人們說:王侯是神所立的,必須聽從和絕對信服他們,並向貧
窮無知的群眾說,誰要對國王造反,誰就是反抗神所建立的秩序,
自己就要受永久的懲罰。《聖經》裏說:抗拒掌權的就是抗拒神的
命令,抗拒的必自取刑罰。這好像是說,為了人民的福利和得救,
就必須永遠有指揮他們的暴君。全體人民要天天祈禱著保全他們的
暴君,使暴君的軍隊得勝,因此當戰時命運不幫暴君的忙,他們的
軍隊被敵人打敗,他們的城市被敵人佔領和洗劫時,那就把原因歸
罪於人民,就對人民說神對他們發怒了,他們必須虔誠地向神懺悔,
來平息神怒。那時,就要用淒涼的聲音唱道,

　　主啊,不要因我們的罪孽懲治我們,不要因為我們的不法行
　　為報復我們!主啊,幫助我們,饒恕我們吧!

⓲　同❷,頁150。

梅里葉說：相反地，當國王對敵獲得重大的勝利，打敗他們的軍隊，奪得他們的城市，毀壞他們的國家，奪得敵人的大量戰利品時，他們就把這些勝利看作自己的神的庇護和恩賜的明顯標誌。當局和人民這時就舉行全民的慶祝，為了表示歡慶，到處點起火炬，在廟宇和教堂裏舉行遊行，和教士一同歌唱莊嚴的〈我們讚美神〉，也就是表示快樂和讚美神恩的莊嚴頌歌，這樣做彷彿是為了以最隆重的方式來感謝他勝利的屠殺、他所進行的勝利的破壞和勝利的毀滅似的。他們的盲目達到這樣的程度，以致認為能夠在這駭人的毀滅性的大災難中找到歡樂和愉快的真正理由；完全可以說，他們正像一本所謂聖書裏說的那樣：他們是自己歡樂和愉快中的瘋子。

梅里葉說，由於神父和教士知道，暴君不敢相信自己是安全的，經常有理由害怕自己應有的遭遇，所以為了使暴君愉快，哪怕只是部分地幫助暴君得到安全，他們就公開地教導人們說，個人殺死暴君是不允許的；他們甚至在康士坦斯宗教會議上宣稱：容許個人殺死暴君的想法是邪道的想法。「這就清楚地證明，基督教對國王和諸侯的暴政，也和我剛才談過的其他一切濫用權力的行為一樣地加以容忍、贊同、甚至使它合法化。」[19]梅里葉說，諸侯和國王的暴政和一切濫用權力的行為根本違反正義和自然真理，與對人民行仁政的原則背道而馳，基督教如果真像它所誇耀的那樣純潔而神聖，它本應對這些惡行和不法行為加以公開譴責和極力加以消除乃至根絕，然而教會和神父、教士的所作所為只是表明他們是「富人和強者的卑鄙阿諛者」[20]。

梅里葉還尖銳指出，教會和神職人員與王國政府相勾結，無恥

---

[19] 同[2]，頁152。

[20] 同[2]，頁152。

地為國王的暴政辯護和使暴政合法化的墮落行為是普遍現象，而且是出於自私自利的目的，是為了從政權獲得好處，從而更深刻地揭示了基督教的虛偽性和欺騙性，無情地撕下主教、神父們的神聖外衣。梅里葉揭露說，任何神職人員想晉升不是靠個人功績而是靠私人的情面，人們可以看到他們無恥地到處用教會的權利作交易，使這些權利成為國王的好大喜功和政府暴行的犧牲品。他寫道：

> 各主教有時以宗教為理由，有時又以國家需要為理由，來為各省盛行的賄賂行為辯護。僧侶和修士中的傳教士，在傳道時把國王的榮耀和神的榮耀混為一談，法律和神學教授費盡心思地把當局的濫用權力說成是合情合理的，並把這種濫用權力的行為與一切神和人的法律調和起來；他們用這種賣身投靠的行為使宮廷提拔他們。最卑鄙的，也往往是罪惡深重的賣身投靠行為在那裏被看作是功績而獲得榮譽。❹

　　梅里葉不僅揭露教會和僧侶愚弄群眾維護專制王朝和封建貴族統治的本質，而且指出教會和僧侶本身就是封建統治者和壓迫者，是社會的贅瘤，是社會寄生蟲。他說這種「禍害」明顯地表現在大批教士和無用的神父、僧侶和修士的存在上，表現在羅馬教會擁有大批的主教、修道院長、分院長和領薪俸的神父，特別是人數極多的僧尼上。梅里葉認為，在大大小小、各式各樣的神職人員中，除去主教、教區神父及其副手之外，其他人完全無用，不會給社會帶來任何實際好處。他認為主教和教區神父的職能本身完全不必要，沒有任何好處可言，因為職能要求他們宣傳虛偽的宗教謬誤和迷信，

❹　同❷，頁138。

但是設置主教和教區神父也是為了教導善良的風俗和道德生活中的
各種美德，這一部分內容不應該看作無益的。梅里葉說，在一切設
施良好的國家裏，必須有教導者，像教導科學和藝術一樣教導人們
具有美德和善良的風俗，因此主教和教區神父工作的某些內容是有
益的，與其他教士的存在稍有區別。梅里葉對神職人員社會作用的
這種細緻區分，與他所設想的理想社會圖景有一定關係，這一問題
下文另作分析。這裏我們繼續談梅里葉如何揭露教會和教士是社會
寄生蟲。梅里葉說，其他的一切神父、修道院長和許許多多、形形
色色、裝模作樣的僧尼，他們有什麼存在的必要，他們對社會有什
麼功績呢？完全沒有。可是他們的收入和生活福利，卻比任何人都
有保障。他們有最好的住所、陳設、衣著和食物；他們受壞天氣和
氣候的令人不快的有害影響最小；他們不像其餘一切人那樣為工作
而勞累，不知道生活中的不幸和災難，不分擔人們的勞動，人們所
受的苦難達不到他們身上。如果他們有時患病或不適，就會得到那
樣迅速而關切的醫療，連病人還沒有想到的一切需要都預先提供了。
梅里葉說，僧侶有一件事特別引人注意，即儘管他們宣誓過貧窮生
活，脫離塵世及其一切豪華和虛幻，儘管他們宣誓要在生活中禁絕
肉慾和情慾，不斷地通過祈禱建立功勳，可是實際上他們只是想在
世界上過享受的生活，擁有財富和一切福利，為自己的快樂而享受
生活中的一切便利。正因為如此，他們的修道院才建築得像領主的
莊園或諸侯的宮殿那樣，他們的花園像地上的樂園，裏面收集有各
種各樣的花和各種各樣美觀和美味的果木，他們的廚房總是充滿各
種食物，根據環境和季節，或按他們僧團的規定用肉或魚來滿足他
們的胃口。他們到處有廣大的地產，他們不費半點勞動而獲得巨大
的收入。他們從大多數教區中獲得豐富的什一稅，而且往往享受領

主的特權，從而不播種就獲得豐富的收穫，收割時不費他們半點力量和勞動。這就使他們能夠大發其財，什麼都不幹而過著滿足的、愉快的、篤敬宗教的閑逸生活。

梅里葉對基督教形形色色「僧團」內情的揭露，使他對僧侶是寄生蟲和社會贅瘤這一主題的論述從一般地談論教士的不勞而獲更進一步，具體揭發教會組織聚斂財富。他引述十六世紀一位具有批判精神的主教的話說，根據《論修道院財富》一書公正的作者所編的清單，羅馬教會有九十八個僧團，其中包括三十四個乞食僧團。乞食僧團中有一個僧團有成員三十萬人，另一個有十八萬人，如果再計算一下其他乞食僧團的人數，「會使整個世界震動，會使世俗帝王吃驚」，天主教會至少有一百二十萬乞食僧！梅里葉說，「教士的行業，特別是僧侶的行業，是建築在謬誤、迷信和欺騙的基礎上的」[22]，而乞食僧團和其他僧團的存在使天主教會更加烏煙瘴氣，各僧團怪異的穿著打扮不能不使人想到僧侶簡直就是「劇團的演員和小丑」，「是一群戴著法帽的演員」[23]。他說，古代僧侶不以衣服的外形和顏色為限，他們更關心的是使自己具有美德，而不是法衣、法帽、平底鞋。在十世紀以前或十一世紀間，教會中還見不到這些光怪陸離的各式各樣的衣服。僧團的建立者並沒有確定衣服的樣式和顏色，他們只規定僧侶的衣服要簡單，材料要粗糙，以便灌輸僧侶以謙虛、懺悔和脫離塵世的感情。現在這樣形形色色的衣著，只是由於後來僧團的各種改革，為了彼此區別才流行起來的。有的僧團穿純白，有的穿純黑，有的連白帶黑，有的全穿灰色，有的穿褐色，有的穿灰色和白色，有的穿白色帶褐色等等；有的僧團穿的僧

---

[22]　同❷，頁104。

[23]　同❷，頁102。

袍又寬又大，有的很窄，有的長，有的短；有的袍子是尖形，有的
是圓形或矩形，有的是角錐形；有的繫皮帶，有的繫毛織的帶子，
有的繫繩子；僧侶本人有的留鬍子，有的剃光頭等等，真是千奇百
怪，而且各僧團都說他們的衣服是神定的，是神聖的東西。他們在
神聖僧團的畫裏，都把僧團創立人畫成一些從天上得到批准他們章
程的特殊標誌的人。例如，聖多米尼加從聖母馬利亞手中接到念珠；
聖芳濟從天上接到帶子；西米昂一斯托爾普尼克接到披肩；聖奧古
斯丁從天主手中接到帶角扣的皮帶等等。

　　梅里葉以聖本篤僧團和某些乞食僧團的所作所為具體地進一
步剖析眾多僧侶是社會的沉重負擔。

　　他說以安貧為號召的聖本篤僧團至少有一萬五千個男修道院，
有一萬五千個女修道院，還有一萬四千個修道分院，擁有基督教世
界三分之一的財產，每年的地租收入至少有一億金幣，「這個僧團
的財富是無底無邊的大海」❷。梅里葉說，大多數主教城市中都有
聖本篤僧團的修道院，這些修道院長的氣派、權力和財富完全勝過
當地的主教。卡西尼山的一個修道院彷彿是全聖本篤僧團之首，它
的統治權擴展到五個主教城市，四個大公國，兩個公國，二十四個
伯爵領地，以及成千上萬的村莊、莊園、地段、磨坊，並且可以收
到很多地租；它有權永久管理坎佩尼亞省和那不勒斯王國的兩個省。
梅里葉說，由此可以得出結論：意大利的任何一個國王都沒有這一
個修道院這樣多的收入，還不算這個僧團其他三萬個修道院都有很
大地租和其他來源的收入，「在這方面，各大公、公爵、侯爵、伯
爵的榮冠以及主教的三重冠、法冠和權杖也都可以放在最可尊敬的
聖本篤的腳下」❷。聖本篤僧團的一個僧侶奉派到西西里島發展這

❷　同❷，頁94。

個僧團的勢力，他獲得那樣的成功，從島上獲得那樣多的財富，在他生前就為自己的僧團取得該島的大部分，即一半以上，而西西里的國王不過是聖本篤的一個小小的門徒而已。

　　梅里葉說，任何一個本篤僧侶都有一萬五千個修道院可供他挑選，每個修道院都可以作他的家，這些修道院大部分都建築得和公侯的府邸一樣，試問這個本篤僧侶還能冒充自己是窮人或者認為自己是窮人嗎？住在一個有五萬、八萬或十萬艾叩年收入的修道院裏，必要時住在約有二百萬金幣年收入來供養一百或一百二十個僧房的僧侶的卡西尼山修道院裏，難道這叫作貧窮嗎？難道擁有並享受這樣多的福利和生活在各種財富泛濫的海洋裏，就是遵守過貧窮生活的誓言嗎？梅里葉挖苦說，這可真是惹人憐憫的貧民啊！他憤怒譴責道：把這樣多的財富給予那些以脫離塵世為使命、應當過貧窮和嚴肅的懺悔生活的人是多麼違法，多麼愚蠢！把這樣多的福利和財富給予不作任何好事、對世界完全無用的人是多麼愚蠢和違法！讓這樣多的游手好閑的人靠別人的勞動過著這樣豪奢的生活，對社會又是這樣的重負，是多麼愚蠢和不公正！雖然他們擁有極大的地產和財富，也不能不說他們是靠別人的勞動生活，因為他們沒有把自己的勞動投入地產中，實際上他們的全部生活資料和全部財富，全是由社會和別人的勞動得來的。「把只有善良的勞動者才配享有的糧食交給這些什麼事也不幹、游手好閑、完全無用的人，是多麼令人痛恨的不公正現象啊！把勞動者所掙來的、用血汗生產出來的東西從他們手中奪過來交給這群無用的僧侶，是多麼令人痛恨的不公正的現象啊！」❷從梅里葉這些充滿激情的語言裏我們可以看到，作

---

❷　同❷，頁95。

❷　同❷，頁96。

為一個深切同情廣大農民和無產者群眾不幸命運的思想家，梅里葉
不僅痛斥天主教僧侶的寄生生活，揭露作為封建統治勢力一部分的
天主教會加在廣大勞動群眾身上的沉重負擔，而且相當有見地地表
達了他對勞動產生價值的經濟學理論的認識。這是對勞動價值論的
素樸的論述。梅里葉的這些思想為稍晚出現的法國重農學派經濟學
家魁奈 (Francois Quesnay, 1694–1774) 和杜爾閣 (J. Turgot, 1727–
1781) 等人繼承，並在英國政治經濟學家亞當・斯密 (Adam Smith,
1723–1790) 和大衛・李嘉圖 (David Ricardo, 1772–1823) 那裏得到
完整的理論表述，最終成為馬克思(Karl Marx, 1818–1883)《資本論》
的理論來源之一。

除本聖篤僧團，天主教的其他僧團的修道院也有很多的地產和
豐富的收入，梅里葉說：「它們都是各種財貨、各種豐裕產品、各
種財富的貯藏庫」❷，到處建立的各僧團的修道院和人數眾多的僧
侶，是勞動群眾承受的巨大封建負擔，僧侶不僅是寄生蟲，而且是
吸盡人民最後一滴血的宗教界的「水蛭和吸血鬼」❷。梅里葉說，
僧侶藉口比別人更誠心地尊奉他們想像中的神，每天白天和夜裏的
一定時間內虔誠地崇拜神，為神燒香，對他作十二次的跪拜，唱讚
詩和讚美歌等等，他們在這樣的藉口下，就認為他們完全有權單獨
擁有他們所掌握的大量不動產，或者從各地得來的豐富的獻供，他
們也認為自己沒有作其他任何工作的責任。他們在白天或夜裏用幾
小時的時間來敬奉他們的神和他們受難的神以後，就再沒有別的事
了，就可以出去休息、娛樂、閑遊、遊戲、會餐，在愉快的篤敬宗
教的閑散生活中發胖。不容否認，到處擁有巨大財產、獲得豐富收

❷　同❷，頁95。
❷　同❷，頁102。

人的所有的閑蕩僧侶、修道院長和領薪俸的神父的日常生活正是這樣的。

　　梅里葉生活在封建社會的底層，幾十年目睹王國政府和大小貴族對廣大農民敲骨吸髓的壓榨，對貧苦大眾的痛苦無限同情；身為神父，他對教會腐敗和僧侶的寄生生活有著比局外人更深的瞭解和憤恨，因而批判起來窮追不捨。他對教會僧團和僧侶的批判是他對天主教乃至對一切宗教批判的組成部分，同時也是從他所熟悉的領域對整個封建統治秩序的否定。在《遺書》中，有一段十分精彩的文字表達了梅里葉對僧侶寄生生活的譴責和聲討。他寫道：

　　　從這一切作彌撒的人和他們的聖禮、晨禱、晚禱那裏，從這一切傳教士和司鐸那裏真的會得到很大的好處嗎？從他們穿著的光怪陸離的、可笑的衣裳裏會得到很大的好處嗎？從他們幽居在修道院裏，光腳在雪裏泥裏行走，天天禁絕自己的肉慾會得到很大的好處嗎？從他們在白日和夜裏的一定時間內在教堂裏唱讚美詩和讚美歌，會得到很大的好處嗎？讓自由的鳥兒在田野和森林裏響亮地歌唱吧，人民沒有必要來養這樣多的、只會在教堂裏歌唱的人。他們天天在那裏叩拜和屈膝，這是很必要的嗎？這一切對世界有什麼好處呢？這一切不會帶來任何利益，沒有任何用處，這一切只是愚蠢和空幻，即使他們整日整夜地嘟噥和歌唱，每日對他們麵團製的偶像作千萬次虔敬的叩拜，對世界也不會有任何好處。為此而給與他們那樣多的財富，用社會的錢把他們養得那樣肥，而對那些善良和優秀的勞動者造成很大的損害，因為他們從事正當的和有益的勞動，反而得不到最必需的生活品。……

這樣多的無用的閒人使其他所有的人陷於駭人的貧窮境地。⓮

梅里葉還寫道：有人對我們說，要知道，這些教士、領薪俸的神父、修道院長和善良的僧侶每天都為人民祈禱，每天都作聖禮，都用那種據說有無限力量和功勞的、無血的神聖供物來作彌撒。他們用祈禱防止了神降的災難，使人民得到上天的慈悲和祝福。有人對我們說，這就是可能想像的最大的福利，因此給他們豐富的生活資料來過適當的生活是完全合理和正當的，因為他們的祈禱給了世界那麼多好處。「可是這是無根據的迷信。一小時有益的工作要比這一切的價值大得多。即使所有的僧侶和教士每天作二十次、三十次，甚至五十次彌撒，加在一起可以說連一根釘子的價值都沒有。」梅里葉說，「一切教士把他們全部的祈禱和所謂的神聖的無血犧牲加在一起，也不能促進一顆穀粒生長，也不能作出什麼對世界帶來半點利益的事來。」⓯

梅里葉對乞食僧更充滿了蔑視和憤恨。

梅里葉揭露說，在天主教各僧團中，三分之一是乞食僧團，「這樣多乞食的僧侶全靠社會來養活，過著完全閑蕩的生活……這是非常可恥的，這對人民群眾來說是極大的負擔。」⓰當初教皇尼古拉三世（1277–1280在位）和他的繼承人在批准成立沒有收入的乞食僧團時，承認他們除了在唱詩班席位上讀、唱之外沒有任何義務，免除他們去作其他任何勞動，這就是「把供養他們的負擔加在基督教

⓮　同❷，頁103。

⓯　同❷，頁104。

⓰　同❷，頁97。

人民身上」。說他們不領教薪或不是編制內的主教會司鐸是毫無意義的搪塞，因為每個乞食僧靠他的乞討，比許多領薪俸的神父和僧侶由不動產所得的收入有更可靠的保障。總之乞食僧表面上什麼都沒有，實際上卻擁有一切。這樣說的證據是，在最著名的城市中都屬罕見的一切好東西，卻公然冠冕堂皇地出現在乞食僧團的修道院裏。梅里葉說，事實上乞食僧是城市裏一切錢財的主宰，他們只要乞討就可以得到。「這是些小上帝，他們怎麼說就怎麼做；不能違抗他們的願望和意圖，不能不幫他們而去幫助真正的窮人」❷，因為基督教已形成這樣的偏見，不幫助乞食僧就會有喪失自己的榮譽、名望和威信的危險。某些沒有收入的僧團在大城市裏七八年間就建築起價值十萬到十二萬艾叩的修道院，還不算住在其中的六十至八十個僧侶豐裕生活的費用，還不算這些修道院的教堂裝飾和聖器室珍貴的銀製品，這些東西的價值超過十萬艾叩。在這樣富裕的環境中怎能建立苦修的功勳！躺在黃金和糧食堆裏，怎能叫喊肚子挨餓！他們過著這種樣樣豐裕的生活，這能說遵守過窮生活的誓言嗎？

　　梅里葉引別人的話說，乞食僧認為自己是用不著體力或腦力勞動的，理由是他們放棄了地租和一切收入，特別是在斂錢和乞討中找到了地租和不動產的代替物，所以用不著工作來為自己找生活資料。這是為二流子大開方便之門。「如果沒有地租、沒有收入就可以使人不工作而靠施捨來生活，那麼所有的竊盜和二流子就可以不受任何譴責了」❸。梅里葉質問道，按照乞食僧團的奇怪教義，乞食僧自稱具有完善品質，具有異常的、崇高形式的完善的宗教信仰，憑藉宗教上的成就，有權不從事任何體力或腦力勞動而靠施捨來過

---

❷　同❷，頁98。

❸　同❷，頁99。

活，難道教會在批准他們的章程時，當真把他們不勞而食、享受別人血汗得來的勞動成果的權利合法化嗎？梅里葉說，其實應當「把他們當作用各種詭詐和流氓手段來竊取善人慈悲地施捨給真正窮人的施捨物的騙子手來懲罰」❸，乞食僧宣稱道德的完美全在於卑鄙可恥的乞食，是一種謬誤，「只有那些沒有羞恥、沒有良心的人才感到乞討生活是愉快可喜的」❸。

綜上所述，梅里葉站在十八世紀法國被壓迫的農民、早期無產者和其他勞苦大眾的立場上，對以國王為首的封建統治勢力進行了無情的揭露和批判。他自覺地以勞苦大眾，特別是法國貧苦農民代言人的身份強烈控訴了封建統治者對人民的專制壓迫和無情盤剝，以及大大小小的封建分子「騎在人民的脖子上」❸所造成的社會苦難。他的愛憎是分明的，他的感情是強烈的。在西方哲學史上，還從來沒有一位哲學家從社會的底層對封建壓迫進行過如此酣暢淋漓的揭露和批判。他把封建統治者看作真正的現實的魔鬼，他對深受其害的廣大群眾說：我親愛的朋友們！人們對你們談過魔鬼，你們一聽見魔鬼的名字就害怕，因為你們聽說，魔鬼是某種不可想像的兇惡可怕的東西，它彷彿是人類幸福的最主要、最可恨的敵人，千方百計地企圖害死人，使人和它一起在地獄永遠遭受不幸。可是我親愛的朋友們，你們要知道，你們應當害怕的最兇惡的真正魔鬼是我所談的那些人。真的，你們沒有比世上這些強者、貴族和富人更屬害更兇惡的敵人了。因為蹂躪你們、折磨你們、弄得你們這樣不幸的正是他們。錯了，我們的畫家在畫裏把魔鬼畫成那樣可怕的、

---

❸ 同❷，頁99。

❸ 同❷，頁100。

❸ 同❷，頁98。

駭人的怪物的樣子是想錯了，是受了迷惑了；我認為他們是在迷惑你們，像你們的傳教士迷惑你們一樣，畫家是在畫裏，傳教士是在佈道裏向你們把魔鬼描繪成那樣奇形怪狀、醜惡、難看。畫家和傳教士最好是向你們把魔鬼描繪成這一切漂亮的老爺、這一切當權人物和貴族，這一切漂亮的太太小姐們的樣子；你們從外表看起來，他們是這樣穿戴得漂亮、捲髮、擦粉、灑滿香水、金銀寶石閃閃發光的一些人。因為他們這些老爺太太們，正如我已經說過的一樣，才是真正的男女魔鬼，因為他們正是你們最兇惡的敵人，對你們為害最大。你們的傳教士和畫家描繪成那樣醜惡的怪物的那些魔鬼，實際上只是想像的魔鬼，只能夠嚇孩子和無知的人，除了害怕它們的人所想像的禍害以外，不能造成任何禍害。可是這一群男女魔鬼，也就是我談的那些文雅的老爺太太們，他們當然已經不是想像的產物，而是完全現實的，他們的確能夠使人害怕；他們給貧民所造成的禍害是完全現實的、感覺得到的。因此，在這裏，在我們面前擺著的也是禍害，甚至是巨大的禍害，即不同身份和地位的人們之間的令人驚異的、極端的不平等。**❸⑦**

　　梅里葉痛斥「大人物的暴政」，除揭露貴族、僧侶、官吏與國王勾結欺壓和魚肉百姓之外，另一方面便是通過揭示人民群眾的貧困和痛苦生活來暴露這種暴政的殘酷。

　　梅里葉揭露說，在敲骨吸髓的封建壓榨中，法國農民的命運最為悲慘。他說「法國農民是被人拋棄的、最貧窮和最受輕視的人；他們永遠為別人工作，勞累不堪，難求一飽」，「法國農民完全是給他們耕租地的主人的奴隸」**❸⑧**。他指出，法國農民身受三重盤剝，

---

❸⑦　同**❷**，頁89–90。

❸⑧　同**❷**，頁129。

他們不僅受國家捐稅的重壓，而且還要受地主所加給他們的重負，再加上教士的敲詐。他引述拉布留伊爾的話說，法國農民過的完全是非人的生活，他們像男女兩性的野獸，分散在田野裏，被太陽曬得發黑、發青、發紅，被牢牢地束縛在他們必須頑強地挖掘的土地上。他們夜裏在洞穴中棲身，在洞裏吃著黑麵包，嚼菜根，喝生水。他們使別人擺脫了播種、耕地和收獲成果的勞動，卻得不到自己勞動的果實。他們理應享有充足的糧食，甚至最先去享用並取得最好的一份，和取得他們同樣費那麼大的力氣栽培和釀造出來的葡萄美酒的最好一份一樣。可是，請看一看這種毫無人性的殘酷行為吧！富人和強者搶走了他們勞動果實最好的部分，留給他們的可以說只是他們費那麼大的氣力和勞動生產的好穀粒的穀殼和好酒的渣滓。梅里葉說：「最受鄙視的、被拋棄的、最可憐和最卑賤的人就是法國的農民」。❸

　　在談到婚姻問題時梅里葉說，在大多數情況下，窮人是以這樣的婚姻結合起來的，他們自己都沒有受到良好培養，沒有受過教育，營養很壞，過著貧困生活，他們沒有錢也沒有能力使自己的子女受到比自己更好的培養、教育和得到更好的營養，結果子女不得不永遠成為無知、忍辱和齷齪的人，陷於折磨他們的泥淖中，陷於貧窮困苦中；許多人因為沒有足夠的生活資料，不可能恢復健康而死於饑餓和苦難。大多數人民營養不良，在無知、忍辱、貧困和不幸中長大，從小就習慣於粗笨和繁重的勞動，「永久處於依附狀態和富人與強者的統治下」❹；他們幾乎完全不知道他們應享有的天賦人權，他們沒有意識到使他們變成可憐的、不幸的、奴隸的一切不公

---

❸　同❷，頁88。

❹　同❷，頁113。

正的和欺騙的行為。他們幾乎沒有想到擺脫自己不幸的處境，擺脫使他們弄得那樣不幸的桎梏。他們所想的只是在他們受慣的苦痛和災難中勉勉強強地活下去，彷彿他們當真生來就是為了侍候別人，應當在貧困中生活和死去似的。梅里葉說，如果父母死了，留下幼小的兒女，子女就更加不幸，他們就會變成孤兒，無依無靠，往往不知道在哪裏棲身，一學會走路，就不得不可憐地沿門乞食。

梅里葉進一步指出，法國農民和其他窮人之所以遭受這樣的苦難，就是因為他們承擔著王國的全部重擔，造成了極端的貧富不均和社會不平等。由於財富和權力分配極不合理，窮人和富人構成了社會的兩極，社會「把整個權力、一切福利、一切享受、一切使人愉快的東西、財富、甚至游手好閑都交給世上的強者、富人和貴族，而把一切最不快和難堪的東西：依附、憂慮、不幸、不安、驚惶，一切勞動和一切累人的工作都交給貧民。」[41]彷彿一些人生來就只是為了橫暴地統治別人，永久享受生活的一切幸福，另一些人生來就是作貧窮、不幸、受人鄙視的奴隸，畢生在貧困和沉重的勞動中受折磨。富人家裏財富充溢，過著奢侈的生活，與他們或許只有一牆之隔的貧民家裏卻貧困不堪，充滿地獄的痛苦。梅里葉把這種貧富懸殊和社會不平等看作兩種最嚴重的「社會禍害」。他深切同情被壓迫、被剝削的廣大群眾，切齒痛恨封建勢力和一切剝削分子。他認為封建制度「把一切都弄得顛倒混亂了」，最應當享受天堂快樂的勞動人民卻遭受著地獄的折磨和痛苦，最應遭受地獄折磨和痛苦的人卻安享著天堂的快樂。他憤恨地把封建統治者比作「腸蟲」、「蝗蟲」、「吸血鬼」；他希望自己有古代神話中的大力士赫爾庫勒斯(Hercules)的肌肉和力量，用以掃清世間一切邪惡和不公道；他在《遺

---

[41]　同[2]，頁88。

書》中寫下了一句後來常被激進的革命派引用的名言：「拿神父的腸子做成絞索，用這種絞索把世界上一切強暴者和高貴的老爺們吊起來，絞死他們！」[42]

總結梅里葉對封建制度的揭露和批判，我們可以看到梅里葉思想呈現出幾個明顯特點。對於這些特點應該進行或長或短的分析。沒有分析就談不上研究，更無法作出公允評價。

一、愛憎分明。梅里葉出身貧寒的農民兼手工業工人家庭，終生生活在貧窮落後的鄉村，他所接觸的全是貧窮困苦的農民和鄉村手工業工人，他長期目睹構成法國封建社會金字塔底層的勞動群眾的痛苦生活，強烈感受到十七世紀和十八世紀初期法國尖銳的社會矛盾。王國政府的橫徵暴斂和地主貴族的肆意盤剝，再加上天主教會和各色教士勒索聚斂，法國農民陷入了絕境。使這種傳統的封建制度社會矛盾更加尖銳和複雜化的是，這個歷史時期法國新生的資本主義生產方式正在成長，資本主義生產關係不僅在城市裏迅速發展，而且也深入到農村，梅里葉家鄉廣泛存在的家庭毛紡織加工，在城鄉採購商的組織下，已經匯入新興資本主義的生產和流通網絡，形成資本主義商品生產的一環。也就是說，資本原始積累在梅里葉生活的法國農村也已廣泛展開，資產階級暴發戶正在用僱傭勞動這種新的剝削手段吸吮農民，特別是破產農民——早期無產者群眾的膏血。在這種新舊交替、新舊交織的特殊歷史階段，舊的封建壓榨變本加厲，新的資本剝削不斷加重，農民和無產者群眾陷於水深火熱之中。農村普遍凋敝和農民紛紛破產是路易十四統治後期法國社會的嚴酷現實，梅里葉完全站在農民和其他勞動群眾一邊，揭露和痛斥封建統治者和「一切富人」、「一切寄生蟲」，他的立場是堅定

[42]　《遺書》第一卷，頁10。

的，他的愛憎十分鮮明。

二、尖銳激烈。如前所述，在西方哲學史上，特別是西方近代哲學家中，還沒有一個人對封建勢力和封建制度的揭露和批判像梅里葉這樣激烈和這樣尖銳。他不僅對國王、各級官吏、大小領主毫不留情，對教會和教士也滿腔仇恨。不僅揭露這些僧俗統治者搜刮、聚斂財富的野蠻兇殘，而且揭穿他們利用宗教迷誤欺騙、愚弄勞動群眾安於被剝削、被壓迫命運的陰險手段。他的遺作是打算直接讀給他的教區教民聽的，他的話是直接對著廣大群眾講的，他要啟發他們的理性，拋棄宗教偏見，從宗教迷誤中解放出來，為維護自身利益而鬥爭，所以他對封建制度的批判，集中在法國勞動群眾最痛恨的苛捐雜稅沉重負擔和極端的貧富懸殊、嚴重的社會不平等問題上，他反覆地、尖銳激烈地談論農民和其他勞動群眾最關切的這些問題，語言辛辣尖刻，不時有生動絕妙的比喻和譏諷警句出現。他是神父，佈道是他的基本功，當他把這個職業練就的功夫轉用來揭露和批判封建統治者的時候，他同樣可以滔滔不絕地向聽眾宣講他的道理，用各個層次，各種各樣的聽眾能夠理解的語言宣傳他的主張。

梅里葉批判法國專制統治者和天主教會大小教士激烈深刻毫不留情，不僅在十八世紀初，就是到了十八世紀末葉法國大革命爆發前夕，雖然法蘭西王國已經經歷了轟轟烈烈的啟蒙運動的強烈衝擊，他的大膽和無畏也是絕無僅有的。我們在敘述梅里葉生平時曾經提到，梅里葉巴黎之行前後，當他醞釀和準備寫作《遺書》的時候，法國啟蒙運動的兩員大將伏爾泰和孟德斯鳩剛剛登上法國文壇，他們嶄露頭角的著作《波斯人信札》和《伊底帕斯王》、《亨利亞特》也只能用曲筆含沙射影批判封建統治，終其一生他們對封建秩序的

否定也沒有梅里葉尖銳和徹底；梅里葉逝世二十年後才躍上啟蒙文壇並建立了激進的民主主義政治學理論體系的盧梭，雖然在反封建理論的獨創性和完整性上在十八世紀的法國無人企及，但在批判封建制度，特別是批判封建專制統治的精神支柱天主教會及其信仰主義思想體系的堅定性、徹底性和尖銳性方面，則無法與梅里葉相比。

梅里葉在揭露和批判封建制度和封建制度的精神支柱天主教信仰體系時之所以能做到如此堅定、如此堅決和如此尖銳，有諸多方面的原因。首先是基於徹底唯物的無神論哲學基礎。梅里葉的哲學思想雖然具有素樸性缺陷，但是他堅信世界的物質本源和物質自動原理，反對靈魂不滅等宗教迷誤存在和滋漫的唯心論體系，否定了上帝存在、上帝創世和天堂地獄的宗教信條，這不但決定了他堅決揭露天主教信仰主義的欺騙性和虛偽性，而且使他確信人死後復歸自然，可以坦然面對死亡，不為身後操心。他一再聲稱「我從今以後將不再知道什麼是寧靜、什麼是安心、什麼是善和惡了。要知道這些，就必須活著。死人對於這些是一點兒也不知道的。」❸這樣，當他策劃死後才公開自己的真實思想時，他就打消了沒有這種堅定無神論信仰的人可能有的對今生和來世的任何顧慮，在宗教氛圍仍然十分濃厚的十八世紀的法國，特別是在落後的農村地區，做到這一點並非易事。其次，梅里葉揭露和批判封建秩序之所以如此尖銳，主要源於他的思想的深厚的人民性。他來自社會底層，他深諳並決心表達被壓迫、被剝削、窮困無助的農民和無財產群眾的心聲，他反覆強調「必須打開人民的眼睛，力圖把他們從世間富人、貴族及豪強的暴虐統治下解放出來」、「必須把他們從各種謬見和虛無縹緲的宗教迷信下解放出來」。❹致力於人民解放的這種崇高的使命感和

❸　同❶，頁236。

責任感，賦予他無限勇氣和力量。最後，他之所以能夠堅決否定封建秩序和一切社會不平等現象，還在於他勤於思考、追求真理的品格和大公無私的奉獻精神。梅里葉說：「我從不輕信，更不肯迷信」❹⑤。正是這種從笛卡爾、蒙田和貝爾那裏繼承來的懷疑論哲學精神，始而使梅里葉擺脫宗教和神學的精神枷鎖，繼而成為開闢新時代的唯物論和無神論哲學家。他崇尚「自然的理性之光」，主張用人類健全的理性與宗教迷信對抗，反對盲目信仰。他說，滿足於盲目信仰，就等於讓自己陷入迷誤，就等於自己甘心受騙；自己陷入迷誤中就不可能不遵循迷誤和欺騙原則欺騙別人。他在解釋自己何以堅決揭露封建統治的黑暗和罪惡時說：「別以為我在這裏的動機是出於什麼私人的報仇雪恨的感情，是出於什麼個人的利害關係……驅使我這樣做的動機只是追求正義和真理，因為我看到正義和真理是這樣令人憤慨地被踐踏了；驅使我這樣做的動機，只是對惡習敗行和不公道的厭惡心理，因為它們是這樣無理地統治著大地！對於那些成為禍首和處處剝削別人的人，是無論怎樣仇恨、無論怎樣厭惡也不為過的。」❹⑥他還說，我們有與已經說過的還多得多的理由來斥責、仇恨和咒罵一切迷信和不法行為的傭僕們，因為他們用這樣的殘暴方式統治著我們：他們一些人統治著我們的良心，另一些人支配著我們的肉體和財產，「況且支配我們良心的宗教的傭僕乃是最無恥的欺騙人民的騙子手，而世上那些支配我們肉體及財產的國王及其他的強暴者乃是世間現有強盜和兇手中最大的強盜和兇手」❹⑦。懷著這樣崇高的無私的動機和疾惡如仇的情緒，梅里葉對封

㊹　同❶，頁230。

㊺　同㊷，頁12。

㊻　同㊷，頁11。

建勢力毫不留情也就完全可以理解。他這種為真理和正義無所畏懼的精神，在如下一段話裏尤其令人感動。這裏不揣冗長抄錄如下以饗讀者。梅里葉說：

> 什麼東西也不能嚇住我。我能夠預料到的只是在我死後，我的親友們可能會因為聽到侮辱我的話和看到粗暴地嘲弄我的行為而傷心。我很願意使他們免除這種憂傷；可是不管這種願望怎樣有力地激動著我，我也不能使自己不去熱愛真理、正義和集體的福利，也不能不使自己去痛恨宗教的迷誤和捏造，不能不去痛恨世上強者的無法無天及驕傲自大，不能不去痛恨他們的爭權奪利和暴虐無道——這種愛和恨使我戰勝私人顧慮，而不管這種顧慮多麼強烈！ ⓼

　　三、素樸性。此處所說的素樸性指的是感性認識多於理性認識，對社會現象的日常感受多於對社會關係的理性思考，缺少系統理論用以統領和概括多樣性的社會現實。理論可以揭示事物的本質，隨感而發只能觸及表面現象。就梅里葉而言，他對封建制度下農民和其他勞苦大眾所遭受的政治壓迫和經濟剝削深表同情，對僧俗封建勢力的黑暗統治極為憤慨，但是他對封建制度的揭露和批判，實際上僅限於對統治階級橫徵暴斂、社會貧富懸殊和嚴重不平等的現象描述。在經濟上，缺乏對傳統的封建剝削方式的特點和本質的認識，更不瞭解悄然興起的僱傭勞動體現著新的生產力和生產關係，是破壞和取代封建秩序的真正革命因素；在政治上，梅里葉只是憤然揭

⓻　同⓺，頁11。
⓼　同⓺，頁16–17。

露王權和貴族權力獲得過程的非正義性，用道德上的責難否定封建制度的歷史必然性和合理性，對反對封建統治並未提出理論論證。換言之，梅里葉對封建制度的揭露和批判，體現出他作為十八世紀法國貧苦農民和無產者群眾思想代表本能的階級情緒，缺乏深刻的理論分析和邏輯論證。與其說梅里葉「批判」封建制度，不如說他只是在「聲討」這個制度的弊端。他越是激烈斥責它，越是不瞭解如何消滅它和歷史將用怎樣一種新的社會秩序取代它。世界各國封建社會的歷史發展早已表明，僅僅依靠農民的本能是消滅不了封建制度的。封建制度下的農民不代表新的生產力。封建社會的農民作為一個階級沒有前途。歷來農民起義都本能地反對地主貴族的剝削和社會不平等，但是到頭來即使是起義獲得成功，也不過是用蛻化為新地主貴族的起義領袖們代替舊的統治者，複製出新的封建王朝。

　　造成梅里葉「素樸性」這一特點的原因大致有如下兩個：首先，梅里葉發出的是社會底層的聲音，貧窮落後甚至一無所有的農民，特別是破產農民和無產者群眾，面對殘酷的封建壓榨和資本剝削，他們的現實命運是在死亡線上掙扎，他們面臨的頭等大事是生存和溫飽，這種階級意願反映在梅里葉的著作中，就是對沉重的封建義務的譴責和抗議，其他的一切反封建訴求，無論是十八世紀法國啟蒙運動中自始至終響徹雲霄的對「科學和民主」的呼喚，還是蘊涵在大多數啟蒙學者著作中的對政治平等、人身自由、天賦人權的合理性的論證，在梅里葉那裏都很少觸及。在《遺書》中，梅里葉只有一次使用了「天賦人權」這個特定詞組，說法國貧苦的農民「幾乎完全不知道他們應享有天賦人權」❹，但是他對這個概念的內涵未作解釋。其次，梅里葉長期生活在偏僻落後的農村，雖然不能說

---

❹　同❷，頁113。

他與十七世紀末、十八世紀初活躍的法國思想界沒有來往，不能說他沒有感受到巴黎知識界的文化新風，但是他的學歷、經歷和社會地位影響了他的知識結構以及對當時日新月異的科學進步和學術新說的瞭解。從《遺書》中可以看到，梅里葉對古代著作和基督教經典十分熟悉，但對從伽利略、哥白尼(Coperricus, 1473–1543)到牛頓的西歐近代自然科學發展很少關心，對先進的英國學術界毫不瞭解，對培根和洛克一無所知。知識片面和訊息閉塞限制了梅里葉的眼界和思路，使他無法吸收先進的思想成果，這是造成梅里葉批判封建制度素樸性缺陷的主要原因。孟德斯鳩吸收洛克分權思想始能創立反對封建專制的三權分立學說；盧梭批判繼承霍布斯(Thomas Hobbes, 1588–1679)的社會契約思想方才完成社會契約論和人民主權學說；伏爾泰終生崇敬洛克和牛頓的哲學與科學思想，用介紹和宣傳英國的議會民主、言論和信仰自由來反對法國的封建專制制度和天主教教權主義。這些事實說明「閉塞」遺憾地使梅里葉對封建壓迫的深刻感受未能形成反封建的系統政治理論。

四、錯誤認識。梅里葉揭露和批判封建制度除去素樸性缺陷之外，他對十七和十八世紀法國封建制度某些階級結構和政治機構的變化的看法也有錯誤。有兩個問題最突出。一是他對十七世紀路易十三和路易十四以來加強王權、削弱地方貴族勢力的意見，二是對巴黎最高法院作用的認識。

先談第一個問題。

梅里葉在批判封建制度造成社會無窮「禍患」過程中，一方面揭露宮廷貴族都是佞臣，奉迎國王，助紂為虐，壓榨農民；地方貴族像「腸蟲」一樣折磨農民，盤剝窮人。另一方面在批判國王專橫暴虐施行專制統治時，把貴族與農民和其他人民群眾都列為國王專

制主義的受害者，特別是對法王路易十三、路易十四加強中央集權、削弱貴族勢力的政治措施發表了否定意見，這既容易混淆封建統治者與被統治者的階級界線，也表明梅里葉對時代的要求和歷史發展的趨勢缺乏瞭解和感受。

　　具體來說，梅里葉在批判封建專制主義的時候，幾次談到貴族地位的變化。他引述《馬薩林的精神》一書的話說，在法王路易十四的壓迫下，「人人都逃亡，貴族失去自己的土地，農民失去自己的耕地，市民弄得失業」❺⓪；梅里葉還說路易十三時首相黎塞留(Duc de Richelieu, 1585–1642)「善於一貫地表現自己是國王的忠僕」，他令「貴族和國內一切游手好閑的人都服兵役」，在各省都派有行政長官，這些行政長官依靠宮廷把行政權和軍權都集中在自己手中，在任命這些官員時，他們都是比貴族所介紹的人或出身高貴的人優先任命的，「這一切新事物都是對以往在國內起最重要作用的那些人的特權的致命打擊」，總之「法國在路易十三時發生了變化，它已成為國王好大喜功的馴服工具，這一點在路易十四時表現得很明顯」❺❶；梅里葉甚至這樣敘述法國封建貴族的狀況：「關於說到貴族老爺和親王，他們的地位被降得那樣低，甚至只能把他們看成宮廷的高等奴隸。」❺❷他還說，佔第二位或者作為國家的二等成員的貴族，由於在自己的領地上享有特權以及依仗宮廷的勢力，過去在國內也曾有過很大的勢力。可是，在這時，當外省的行政掌握在行政長宮手中，政府抓住一切的時候，這些貴族就只好成為最卑躬屈節和諂媚逢迎的人了，因為他們唯一的出路是服役。這些行政長官是

---

❺⓪　同❷，頁129。

❺❶　同❷，頁137。

❺❷　同❷，頁136。

宮廷派到外省的暗探，他們能夠從貴族鄉間的住所中把貴族搜索出來。他們不惜採取一切最侮辱人的壓迫手段，使貴族不得不去服役。貴族稍稍富裕，就會引起他們的注意。貴族必須拿出錢來裝備團隊或連隊，要享有榮譽，必須要有錢。那些拒絕這樣作，想過平靜生活的人就要倒楣。這些長官會支持農民去反抗主人，他們對貴族處以罰款和富於侮辱性的賠償金，往往不承認貴族的稱號和特權，如果對這些迫害向法院上訴，他也會得到不利的結果，雖然浪費了金錢並向各方面奔走斡旋，但在開庭時還是遭到批駁。「在這些不斷的暴行和壓迫的影響下，全體貴族都去服兵役；因為所有的貴族都會由於服兵役而破產，所以除了軍職薪俸和恤金外，再也得不到別的生活資料。」❺❸

從梅里葉的這些議論可以看到，他對十七和十八世紀法國社會發生的巨大變化和社會各階級、階層的動向缺乏總體的瞭解和宏觀的認識，他不瞭解在封建制度的機體中，一個新的階級即市民資產階級正在成長，隨著傳統的封建主義生產方式的日益沒落和破產，資本主義的生產力和生產關係所構成的新的生產方式迅速成長。社會經濟基礎的變化必然引起上層建築的變化，這一時期法國社會王權與地方貴族勢力的鬥爭正是這種社會巨變的反映。王權的加強有利於資本主義的發展，符合歷史前進的方向，對封建專制主義的作用必須進行歷史的分析。梅里葉作為法國貧苦農民和早期無產者群眾的思想代表，只看到了封建專制主義給法國窮人造成的苦難，完全不瞭解它也保護和培育了即將領導農民和第三等級其他群眾最終推翻封建制度的革命的資產階級和資產階級的革命。

這裏需要結合歐洲歷史作一點簡要分析。歐洲中世紀封建社會

---

❺❸ 同❷，頁138–139。

的權力結構與中國等東方封建國家的情況有很多不同之處。在歐洲，諸侯和貴族的封建割據勢力非常強大，封建統治的重心在各地貴族的城堡而不在少數城市，國王常常徒有虛名並無實力，既受教皇節制，又被諸侯左右，甚至有時淪為貴族的玩物和裝飾品。因此國王與諸侯和貴族存在很大矛盾。十五世紀以後，隨著封建制度開始解體和資本主義生產關係的出現，君主專制政體在一定歷史時期曾經起過進步作用。王權的逐步加強，消滅了封建割據勢力，建立了中央集權國家，促進了生產力的發展，得到逐漸成長的資產階級的擁護。一個時期，君主專制政體似乎能夠平衡貴族和資產階級的力量，王權以一種表面上的超然立場，充當貴族勢力和資產階級的中間人。

　　就法國來說，十六世紀以來，君主和封建貴族的矛盾一直困擾著法國社會。封建諸侯貴族各以自己的采邑為依托，形成許多割據勢力。他們各霸一方，擁有大片土地和莊園，還掌握私人軍隊，並把觸角伸向巴黎，嚴重威脅王位。而每個在位國王，都揭力削弱和打擊各個封建貴族的勢力，施展各種縱橫捭闔手段穩定自己的王位。在法國國王和貴族勢力的鬥爭中，城市資產者支持國王。剛剛開始發展的法國資產階級為了發展工商業，迫切需要消除國家的封建割據局面，建立統一的國內市場，尋求強大王權的庇護。法王路易十三時期，歷史上著名的首相黎塞留提出「無限君權論」，主張君權來自上帝，君權類似神權，國王是上帝在人間的代表，他的意志不受限制，臣民必須絕對服從國王，臣民的利益必須服從國家的利益。顯然，黎塞留這種法國式的「天人合一」理論，是為加強君主專制尋求理論根據。年方５歲的路易十四登基以後，紅衣主教馬薩林（Jules Mazarin, 1602–1661，又譯馬札然）總理朝政，他繼續前首相黎塞留加強王權的事業，與貴族進行了激烈鬥爭。路易十四親政

以後，獨攬大權，宣稱「朕即國家」，啟用柯爾柏擔任財政總監，推行重商主義經濟方針，在稅收和穀物貿易、取消國內關卡等問題上打擊貴族勢力，客觀上促進了法國資本主義經濟的發展，但也遭到了各地貴族的頑強抵抗。1715年路易十四死後，攝政王奧爾良公爵掌握大權，君主與貴族的鬥爭又趨尖銳。奧爾良公爵的盟友是一些大封建貴族領主，他們掀起「貴族革命」，紛紛攫取國家要職，要求恢復某些被路易十四取消的貴族特權。路易十五親政以後，國王雖然昏庸懦弱，但宮廷大權掌握在幾位王權主義者手中，他們反擊「貴族革命」取得權力的大領主貴族，把他們逐出內閣，任命一批接近資產階級的新人作大臣和國務秘書。

梅里葉晚年正值法國政壇上王權與貴族勢力反覆較量的時期，他既不瞭解封建統治階級各派勢力政治鬥爭的內情，也不理解蓬勃發展的法國資本主義工商業所體現的新的生產方式的前途和本質，更無從知道城市資產階級希望在強大王權庇護下打通國內外市場發展生產和貿易的願望。作為法國農民和早期無產者群眾的代言人，他為身受封建壓榨和資本剝削雙重苦難的廣大「窮人」發出吶喊和抗議，他為了批判封建專制統治的目的而對法國貴族的失勢發表的意見誠然糊塗和錯誤，但他是「客觀地」描述貴族的沒落，並沒有同情的語言，更沒有像揭露農民遭受苦難時那樣的階級感情。同時也不能要求梅里葉具有城市資產階級一時需要王權庇護而產生的對王權的好感，他反映的是封建社會底層群眾的意見和情緒，而「底層」對壓在他們身上的所有「上層」勢力都不會有好感，這是可以理解的。

再談第二個問題。

正像梅里葉為了批判法國封建專制統治發表了關於貴族失勢

的不當意見一樣，他對巴黎高等法院的看法也是錯誤的。

梅里葉引述《1694年歐洲之福》作者的話說，巴黎高等法院過去一度是國王和人民之間的中介，是統治者和馴從的人民兩方之間的抑制因素，它巧妙地保住了王國的特權和自由，現在只是對宮廷賣身投靠的工具，它使宮廷的一切不公正和貪污賄賂行為合法化，它的法庭已變成水底暗礁，自然正義在它上面碰得粉碎。「可以說它是一個公開的劇院，在那裏，宮廷的傾軋、徇私和個人利益不受任何懲罰地玩弄著司法和法律。總之，這個過去一度那樣光榮的團體，現在只不過是它的過去的幻影，只是在名義上法官的袍帽還保持過去的偉大。」❺❹

或許是出於希望法國的最高法律機構能夠利用法律保護勞動群眾利益、主持「自然正義」的善良願望，或許是梅里葉不加分析地接受《1694年歐洲之福》匿名作者片面的激憤之詞，梅里葉對巴黎高等法院的抨擊與歷史事實有很大出入，特別是在王權與貴族的鬥爭中，高等法院並不代表社會進步力量。

倫敦有一個高等法院，巴黎也有一個高等法院，二者都有悠久的歷史。名稱雖同，性質很不一樣。英國的高等法院是名副其實的世俗司法機關，巴黎高等法院卻既有政治機構的性質，又執行宗教裁判所的職能。所謂巴黎高等法院具有政治機構的性質，指的是根據傳統，它擁有立法權，而不僅僅是司法機關，因之歷史上巴黎高等法院又被稱作巴黎議會。長期以來巴黎高等法院代表封建貴族利益，是古老的世襲貴族家族與王權抗衡的陣地，王權主義者黎塞留和馬薩林兩位首相都與之進行了頑強鬥爭，貴族通過巴黎高等法院與國王分庭抗禮的特權和獨立性不斷受到限制，直到十八世紀七〇

---

❺❹　同❷，頁139–140。

年代才被徹底瓦解。說巴黎高等法院執行宗教裁判所的職能，指的是自十五世紀以來，巴黎高等法院就是羅馬教皇干涉法國政治事務的工具，法院與教會緊密結合，不僅參與世俗的政治鬥爭，而且不斷挑起宗教糾紛和宗教戰爭，煽動宗教狂熱，迫害無辜，對人民和社會進行思想箝制。即使在十八世紀，巴黎高等法院與天主教巴黎大主教和耶穌會等天主教僧團勾結在一起，不僅製造大批冤案迫害「異端」，而且不斷宣佈啟蒙思想家的著作為禁書，判處當眾焚毀、禁止出版、銷售和傳閱，並且把作者投入監獄。伏爾泰、孟德斯鳩、盧梭的多部著作和《百科全書》等等書籍都被巴黎高等法院判處焚毀。就以梅里葉的《遺書》而言，儘管當時只有手抄本流傳，仍於1775年2月8日被巴黎高等法院判處焚毀，在此之前它的摘要本早已被多次判處焚毀。

從這些歷史情況可以看出，梅里葉對巴黎封建統治上層的政治鬥爭和巴黎高等法院的所作所為並不瞭解，正像他對王權和貴族的鬥爭發表了錯誤意見一樣，他對巴黎高等法院的性質、在歷史和現實中的作用等問題上的看法也是錯誤的。

第四章　梅里葉激進的社會哲學

　　梅里葉雖然一腔悲憤揭發批判封建專制制度給人民帶來的無窮苦難，但他並不是在這種控訴中消極啜泣，相反的，在他的批判中洋溢著樂觀主義的精神，滿含真理必勝的信念和革命的激情。他透過封建專制制度似乎鞏固而強大的表面現象，看到了它的虛偽和腐朽，預感到革命將會到來。他指出，當國王的暴政達到極點的時候，必然會引起人民的激烈反抗，埋葬封建專制制度的革命就會爆發。他說，到時候「人民就不得不像不幸的被征服者只能從絕望中尋找生路一樣，行動起來，舉行起義，──這就是不幸者的最後手段。」❶

　　梅里葉就像一隻預報風雨的海燕，在仍然歌舞昇平的封建王朝這艘大船上空掠過，預報了六十年之後法國大革命的狂濤巨浪。比這種超前的意識更為超前的是，梅里葉幻想用革命手段推翻封建專制統治之後，在法國普遍建立消滅私有財產的共產主義公社。革命和建立公社是梅里葉社會思想的中心內容。這一章我們就圍繞這兩個主題剖析一下梅里葉的社會哲學。

　　梅里葉在《遺書》最後的〈結論〉這一部分裏激情滿懷地說：我希望我有力量使王國從這一端到那一端，甚至從地球這一極到那

❶　《遺書》第三卷，頁231。

一極都能聽到我的呼聲。我準備盡力叫喊：人們，你們由於缺乏理智而使自己上當受騙，盲目地相信這些荒謬的事情！我要向人們指出：你們已陷入迷誤，統治你們的那些人在欺騙和蒙蔽你們。我要向你們揭發這個不公道的神秘制度，這個制度使你們永遠這樣可憐不幸，並使你們的後代為我們過的這種日子而感到慚愧和羞恥。我要責備你們的不智和輕率，而使自己隨俗浮沉，盲目地相信這些謬見和幻想，相信這樣可笑的和粗俗的詐騙行為。我要責備你們膽小怕事，竟這樣長期地讓暴君活著，而不一勞永逸地徹底擺脫他們那種暴政的可恨的桎梏。

梅里葉引用一位古代作家的話說，暴君活到老的極少，原因是人民永不示弱，永不向卑鄙行為屈服，永不讓暴君們長期活著，永不讓他們長期統治自己。如果暴君們濫用職權，人民就有足夠的無畏精神和勇氣擺脫暴君。他說，可是，現在暴君長期活著，長期統治著人民的現象是屢見不鮮了。人民已知不覺地習慣於奴隸地位。梅里葉悲愴地寫道：歷史上常見的殺死暴君的崇高戰士們在哪裏？布魯圖斯和卡西烏斯在哪裏？殺死卡里古拉和其他暴君的崇高戰士們在哪裏？為什麼這些高貴的殺死暴君的人不活下來呢？為什麼他們不活到現在，以便拿短劍擊敗並殺死人類中間一切令人極端憎恨的惡棍和魔鬼，並且把人民從暴君統治下解救出來呢？這些可尊敬的、高貴的人民自由保衛者不活下來多麼可惜呀！他們不活到現在，「來驅除世上所有的國王，打倒一切壓迫者，把自由還給人民」❷，多麼可惜呀！

讀著梅里葉這位孤獨的老人，這位可敬的鄉村神父在風燭殘年發出的這些激昂的吶喊，不能不為他疾惡如仇、關心人民命運的偉

---

❷ 同❶，頁206。

大胸懷感動。在靜穆的埃特列平鄉村小教堂，梅里葉不僅憑弔古代
為民除害的英雄，而且追憶啟迪民智的智者。梅里葉像西歐近代所
有偉大思想家一樣，他們繼承意大利文藝復興以來的傳統，在面對
現實問題時，總喜歡首先從歐洲文化之源的古代希臘羅馬輝煌遺產
中尋找靈感。他說，古代那些勇敢的作家和大膽的演說家，他們譴
責暴君們，他們發表意見反對暴君並在自己的作品中激烈痛斥暴君
及其惡行、不公道和暴政，這些人現在沒有活著，多麼可惜呀！他
們沒有活到現在，來大聲疾呼地痛斥一切暴君和壓迫者，來大聲疾
呼地揭發他們的暴政和不公道，並通過自己寫的書使暴君和壓迫者
在世人心目中成為憎恨和蔑視的對象，最後喚醒全體人民擺脫受他
們殘暴統治的不堪忍受的桎梏，這多麼可惜呀！梅里葉不禁嘆息道：

> 唉！他們這些偉大的人物沒有活下來，再也看不見這樣高貴
> 的、奮不顧身的人物了，他們為了拯救祖國慷慨就義，寧願
> 光榮地犧牲而不願恥辱地苟活。他們認為苟活是使自己苦惱
> 的卑鄙下賤的行為。❸

撫今追昔，梅里葉感慨萬千。他說，現在你在世界上只看見在
暴君的過大權力和殘暴統治下的一些卑鄙而可憐的奴隸，這是我們
時代的恥辱，也是我們後代的恥辱。現在在那些官大位高的人們中
間，你只看見那些卑鄙地阿諛暴君的人，只看見那些戰戰兢兢地執
行暴君們惡毒意旨和最不公道的命令的人。在法國，甚至在一些最
大最重要的城市裏，所有的法官和行政官吏也都是這樣的。他們只
限於審理私人間的訟爭，他們盲目地服從國王的一切命令，而不敢

---

❸　同❶，頁206。

提反對意見。所有的省長和一切城鄉統治者也都是這樣，他們的作用已處處簡化為只執行那些命令。所有部隊指揮官、普通軍官和士兵也是這樣，他們的任務只是維持暴君政權並嚴格執行暴君一切反人民的命令。這些人只要暴君下命令，就不管暴君是任意逞其淫威，還是其他什麼藉口，就執行他的命令，甚至燒光自己的家鄉也準備去幹。他們非常盲從，非常狂妄，甚至以完全獻身給暴君，當他的可憐的僕役為榮幸。

梅里葉在感嘆世無英雄的同時，把推翻封建專制制度的希望寄托在廣大勞動群眾的覺醒和革命上，他反覆啟發他們的覺悟，號召他們團結起來，為維護自己的權利而鬥爭。

他寫道：

> 親愛的同胞們，你們看看你們的宗教中的謬論和迷信，你們的國王和一切在國王權力庇護下管理你們的官吏們的暴政，這就是你們所有一切禍害、苦難、憂愁和災殃的決定性的原因。❹

他說，你們的統治者濫用職權，建立不公道的神秘制度來統治你們。他們利用謬見和濫用職權，建立表面上非常強固的政權，來使你們長期在他們嚴刑峻法的壓制下喪失自由。當你們和你們的子孫還受著公爵和國王的統治的時候，你們將始終是可憐的和不幸的。當你們還崇拜宗教謬見並受著宗教迷信的籠絡的時候，你們將永遠是可憐的和不幸的。你們要完全拋棄一切無意義的和迷信的宗教儀式，要從你們心裏除盡對這種虛偽聖禮的盲目的和狂妄的信仰！你們對

---

❹　同❶，頁209。

那些自私自利的教士不要界以任何信任，你們要嘲笑他們對你們所說的一切！但是這還不夠。你們不論有多少人，都要努力團結起來，以便最後擺脫那些公爵和國王的殘暴統治。「你們要到處推翻那一切不公道和無信仰的寶座，敲破那些戴王冠的人的頭顱，要打垮你們那些暴君的驕傲自大，別讓他們再統治你們。」**❺**

　　作為十八世紀法國最早的啟蒙思想家，面對反對封建制度，反對教權主義的時代課題，梅里葉針對諸多社會問題發表的意見具有探索性和開創性特點，既有遠大眼光和真知卓見，又帶著素樸性或缺乏系統理論的缺陷。但是在相信廣大勞動群眾能夠自己解放自己，能夠通過鬥爭改善被壓迫、被剝削不幸命運這個問題上，他是無與倫比的。他生活在社會底層，他直接體驗在封建制度下呻吟無告的廣大農民和無產者群眾的痛苦，他自覺地以貧苦大眾代言者的身份講話，他代表著十八世紀法國社會第三等級中最急切地要求改變現狀的階級和階層的願望，因此在啟蒙學者的隊伍中，他是最激進的一翼。正是這個特殊的身份，使他不僅在鼓吹進行激進的社會革命問題上與大多數啟蒙思想家有很大區別，而且他從農民和其他勞動群眾的視角論證革命的正義性，更顯示了梅里葉思想的獨特性。

　　梅里葉首先指出，推翻封建統治是人民自己的事情，要自己解放自己。他說：「你們的幸福掌握在你們自己手中。如果你們大家能夠協商好，那麼你們的解放就能夠完全依靠你們自己。你們有一切必要的手段和力量來解放自己並把暴君變成自己的僕役，因為，不論你們的暴君怎樣強暴和怎樣厲害，他們沒有你們的支持就沒有任何權力支配你們。」**❻**他寫道：暴君的一切威嚴、一切財富、一切

---

❺　同**❶**，頁208。

❻　同**❶**，頁210。

力量和一切聲勢都只是你們給予的。你們的兒女、親戚、同事和朋友在戰時為他們服役，在平時為他們做行政工作。沒有這些人，沒有你們，暴君就什麼也做不成。暴君利用你們自己的力量來制服你們，使你們替他們當牛馬。如果某一個城市或某一個省膽敢反對暴君，膽敢擺脫暴君勢力的壓制，他們就利用這些力量來分批地消滅你們。可是不管怎樣，如果全體人民和所有各省各市齊心團結，如果你們一致奮起，就一定能從現在所處的奴役地位中解放出來，那時暴君就會很快被推翻和消滅。

梅里葉接著指出，推翻封建統治者的鬥爭是崇高和偉大的事業。他說：

同胞們，團結起來，如果你們有健全的思想的話！團結起來，如果你們有勇氣擺脫你們共同遭受的苦難的話！你們要互相鼓勵，去完成這種崇高的英勇的和偉大的事業！ ❼

他勸人們彼此秘密地交換意見和願望，巧妙地在各處傳播革命的宣傳品，包括揭露宗教的空虛、荒謬和迷信的宣傳品和普遍啟發人民憎恨國王以及大臣的暴政的宣傳品，在這種關係人民共同利益的「正義事業」上互相支援，為「共同事業」團結起來進行鬥爭。他呼籲他的同胞以荷蘭人、瑞士人為榜樣，向他們學習。他說：

荷蘭人曾經是那樣英勇地擺脫了以阿里巴公爵為代表的西班牙暴政的難以容忍的壓制，而瑞士人也是那樣英勇地擺脫了奧地利大公在本國的傀儡們的殘暴統治。你們有很多理由可

---

❼ 同❶，頁210。

以採用同樣辦法來對付你們的國王和公爵，以及一切藉他們的名義和權力來管理你們、壓迫你們的人，因為他們的暴政業已登峰造極了。❽

梅里葉還習慣地引用《聖經》裏的話，用他的聽眾也習慣的論證方式闡發推翻封建統治的正義性和合理性。他說，你們的《聖經》裏說：上帝把那些驕傲的王公從他們的寶座上趕下來，另外派一些溫厚和平的人接替他們的位子。那裏面還說：上帝枯死驕傲世家之根，讓溫和的人坐到他們的位子上去。《聖經》裏講的這些驕傲的和目空一切的王公究竟是誰呢？就是你們的國王、大公、親王、皇帝和一切統治者。你們要照《聖經》所講的，把這些驕傲自大的暴君趕下位來。梅里葉繼續說，《聖經》講上帝要枯死驕傲世家之根，所謂驕傲世家指的是什麼樣的世家呢？除了生活在你們中間侵害你們、壓迫你們的那些驕傲的、目中無人的貴族世家之外沒有別的；除了你們國王和大公手下那些妄自尊大的官吏，那些驕橫專制的市長、省長，那些黠傲的稅吏，那些自命不凡的包稅者、辦事員之外沒有別的；除了那些狂妄自大的高級教士、教士、主教、神父、修士、肥缺把持者、有錢的老爺太太和小姐們之外沒有別的。這些人除了圖快活找消遣以外別的什麼也不作，而你們這些可憐的人民則晝夜作工，不管天氣如何惡劣都要擔負起全部工作重擔，國家整個擔子都壓在你們身上。

梅里葉像一個神父佈道時慣常所做的那樣，引用《聖經》的詞句肆意發揮一番。但是此時的梅里葉是一位造反的神父，他所發揮的是消除宗教迷誤、推翻封建統治的革命道理。他自覺正義在身，

---

❽　同❶，頁210。

他佈革命之道理直氣壯。他對他的教徒們說，這些人實際上就是驕傲的世族，你們要注意枯死他們的根系，就像注意枯死野草的根系使它不能再從土壤中吸收養料一樣。這些驕傲的貴族世家所吸收的養料就是他們從你們勞動中剝削來的那些巨大的財富和進款。所有這一切豐富的財貨和土地財富都取自你們，取自你們的技藝和勞動。你們用雙手創造出豐富的養料維持他們，供養他們，使他們富裕，使他們那樣有勢力、有威風，那樣驕傲和目空一切。可是如果你們希望完全枯死他們的根子，那你們只要剝奪他們從你們勞動和勤勉中所取得的豐富養料就行了。

梅里葉啟發他的聽眾和讀者說，你們自己要保持住這一切財富和這一切福利，因為這麼多的財富和福利都是你們辛辛苦苦地創造出來的。你們要為自己、為和自己同樣的人保留這些財富和福利。不要把一點東西給那些目中無人的、什麼好事也不做的、不勞而獲的寄生蟲。你們不要把一點財物給一切修士和教士，因為他們除了加重世人負擔以外，對世人毫無益處。你們也不要把一點東西給那些驕傲自大的貴族，因為他們都鄙視你們，踐躪你們。最後，你們也不要把任何東西給那些妄自尊大和目空一切的暴君，因為他們壓迫你們，使你們經濟破產。你們最好告訴你們的兒女、親戚、朋友和同事：大家一致拒絕為那些人做事。你們要把他們從你們的社會中鏟除出去。你們要像他們從前看待你們中間被鏟除的人那樣看待他們。這樣一來，你們就能看到：他們將會憔悴而死，就像植物和青草由於根系被剝奪了吸收養料的機會而會枯萎而死一樣。對你們來說，你們完全不需要這些人，沒有他們，你們什麼事都容易辦好，但是他們若是沒有你們就什麼事也辦不成。

論證了打倒暴君、推翻封建統治的正義性和合理性，梅里葉動

情地對他所深為同情的農民和其他勞動群眾說：如果你們正確地去思考我所講的道理，就可以看到事情本來就是這樣的，「不過因為誰也不替你們說話，誰也不向他們說出早就該說的話，誰也不向他們說出我要向他們說出的話而已。你們原來是不瞭解自己固有的福利的，可是，現在畢竟學會認識自己固有的福利了，認識你們真正的福利是什麼了；你們原先是缺乏理智的，現在畢竟有了理智了，變得聰明些了。」❾梅里葉接著說，如果你們聰明，你們就要丟掉彼此間的一切私仇私怨，就要把自己的全部仇恨和憤怒用來反對你們的共同敵人，反對那些驕傲的貴族世家，因為他們折磨你們，搶奪你們勞動得來的最好的果實，使你們這樣不幸。「你們要聯合起來，團結一致地決心擺脫他們那些可恨可惡的暴政壓迫，擺脫那些假宗教的空洞而迷信的儀式。」❿

　　梅里葉深知，他如此大膽、如此直接地號召農民和無產者群眾團結起來用起義、暴動的暴力手段推翻封建制度和教會統治，即鼓動社會底層廣大群眾起來造反，打破既有社會秩序，他的激進的思想和主張必然遭到許多人反對，除封建統治者和教會上層勢力這些革命對象之外，一般的社會輿論也不會表示贊同。為此他進行解釋、勸導工作，並對可能的反對意見予以駁斥。

　　他寫道，我懇求一切聰明的、思想健全的人和一切正直的人對於這個問題暫緩下判斷，我懇求他們丟開一切偏見，認真研究我的思想和見解、我的論證和結論，以便發現和揭露它們的有力方面和薄弱方面。因為我堅決相信，他們遵循自己自然的理性，就會容易同意我所提出的全部真理，甚至他們自己也會驚奇：儘管有這麼多

　　❾　同❶，頁212。

　　❿　同❶，頁213。

聰明、有遠見、有學問的人，為什麼這樣多無意義的、可笑的和粗淺的謬見和這樣多可恨的和有害的濫用職權行為能夠傳播開來，能夠這樣厲害地和普遍地在人間生根，這樣長久地在人們中間保留下來。看來，聰明的人們應當起來反抗這樣一些可恨的謬見和濫用職權行為，阻止它們的建立、成長和繼續蔓延。看來，人們在這方面會為這種盲目無知而感到震驚，因為這種盲目無知竟使他們不能看出自己陷入其中的那些謬見。問題是重要的，每個人在這個問題上面都有利害關係。這裏談的問題是社會福利、社會安寧和社會自由的問題、是幾乎全體的人民如何擺脫暴君殘暴的和災難性的奴役，以及如何擺脫宗教迷誤的問題。如果聰明的、思想健全的和正直的人認為我所譴責的惡行、謬見、無秩序和濫用職權行為是對的，如果他們認為我講了真話，我的判斷和我的結論像我所堅持的那樣是可以信服的，那麼他們的事情就是捍衛真理，揭發和斥責我所斥責的那些惡行、謬見和濫用職權的行為，因為用默許的方式縱容這麼多的謬見和濫用職權行為，這是有損於聰明和正直人的名譽的。梅里葉寫道：

> 如果他們同我一樣沒有決心在生時譴責它們，那就希望他們照我的做法去做，哪怕在死前只做一次也行。但願他們以自身作見證，在自己生命終結以前至少有一次依照真理行事。但願他們在自己死前把愉快送給自己的家鄉、親人、朋友和子孫，縱然只是唯一的一次也行。但願他們至少這樣在人民的解放事業中貢獻自己的一份力量！⑪

---

⑪　同❶，頁215。

　　梅里葉熱切地說，如果那些比我更加清楚地瞭解人與人之間的關係、比我更加清楚地瞭解宗教的欺騙和招搖行為、比我更加清楚得多地瞭解暴政中的不公道和濫用職權行為的那些人，至少在自己臨死前把真相講出來，我們很快就可以看到世界將會完全改變面貌：宗教的一切謬見和一切空洞的迷信儀式都只會引起嘲笑，而暴君的一切威儀、一切驕傲、一切勢力都會化為灰燼。

　　梅里葉說，如果有人認為我的言論中沒有真理，反而認為我這樣想和這樣寫是有罪的；如果他們的狂熱驅使他們甚至在我死後把我不恰當地看作無信仰之人、瀆神者而加以痛罵；或者把我的行為看作一切偽君子、無知無識的人、迷信的偽善人、假仁假義的教士那樣的行為，看作一切關心暴政的豐富收入和關心敬神靈拜偶像的迷信儀式的豐富收入並在其中撈一把的人那樣的行為，而加以痛罵，那麼，他們就有義務明確地指出我的論點和論證的錯誤所在，並證明他們的宗教的真實性和他們的政治管理的正當性。梅里葉說：「我認為他們不能辦到這點，因為自然的理性不能明白地證明那種互相排斥、內部充滿矛盾和不可思議的東西。」❶

　　本書讀者到這裏已經大體瞭解梅里葉社會哲學第一個重要內容：鼓吹激進的反對封建統治的社會革命思想。還有一個問題與此相關，理應引起重視，它是梅里葉思想的精華之一。

　　梅里葉在《遺書》最後指出，他揭露封建壓迫、批判宗教迷誤、號召人民群眾用革命手段推翻封建統治，一定會遭到某些「當代政治家」的反對。特別是他號召人民造反和揭露宗教的欺騙、虛妄本質，更會引起爭論，會被認為：「這樣作等於縱容惡行，這只會使壞人開心，使他們不再畏懼神靈，不再害怕永恆苦難」❶，許多人

❶ 同❶，頁215。

將因此而放縱情慾，成為更壞的人，或因死後沒有任何懲罰可畏而敢於作出各種暴行來。梅里葉說：根據這個理由，「賢明的政治家竟認為讓人民對真理保持無知狀態，讓人民相信許多虛偽事物乃是必要的。」❹梅里葉說他將分兩個方面來回答這些詰難。

應該說，梅里葉提出這個問題來討論本身就是難能可貴的，表現了他的預見性和思想的深刻性。因為這個問題在他身後的確成了許多啟蒙思想家不得不面對的難題，而他自己的回答既無「難題」又無可爭辯，體現了他的哲學的明朗性、反封建的堅定性和思想的人民性。

梅里葉提出的問題，可以歸結為「上帝賞善罰惡宗教教義的社會作用」這樣一個論題。如何解答這個問題，已經遠遠超出對待宗教的態度，它與哲學觀點和政治思想緊密相聯，也與不同論者各自的階級屬性密切相關。為了理解梅里葉所提問題的重要性和他關於這一論題的觀點的傑出之處，應該聯繫十八世紀法國思想界的有關情況，並且將梅里葉的見解與其他啟蒙學者的主張略作比較。

關於上帝賞善罰惡宗教教義的社會作用，或者說是否承認上帝存在和上帝賞善罰惡主宰人間道德和社會秩序這個問題，最早是由啟蒙運動的先驅者比埃爾・貝爾提出來的。貝爾的主要著作是1695年發表的《歷史批判辭典》，貝爾的哲學傾向是懷疑論。貝爾的懷疑論比笛卡爾的懷疑論更為深刻徹底。他不僅批判宗教神學，而且批判十七世紀的形而上學。他宣稱真理是客觀存在的，懷疑是認識世界、通達真理的必經之路。他頌揚理性，認為宗教神學和形而上學都是理性不能理解的荒謬的東西。荒謬性是宗教神秘主義的本質，

---

❸　同❶，頁216。

❹　同❸。

理性與信仰水火不容。他不同意道德以宗教為基礎，認為篤信宗教的人可能是最沒有道德的人，無神論者卻可能具有崇高道德。玷污人的尊嚴的不是無神論，而是迷信和偶像崇拜。無神論者能成為可敬的人，由清一色無神論者組成的社會是可能存在的。

　　如前所述，在西方基督教世界，「無神論者」是一頂荊冠，意味著不名譽、不道德、不齒於人類，應該受到懲處，是一個可怕的咒語。這是中世紀以來天主教教權主義和思想專制的產物。到了十八世紀，儘管教會腐敗和自由主義思想的傳播，教權主義遇到挑戰，教會的權威已經受到損害，但是一般的社會輿論，特別是在文化落後的地方和下層群眾中，仍然不能容忍無神論者存在，公開承認無神論者可能具有高尚道德更是驚世駭俗的言論。因此貝爾提出由清一色無神論者組成的社會是可能存在的這樣一個論斷，居然成為十八世紀法國思想界激烈爭論的大事，貝爾的這句話也成為西方近代哲學史特別是十八世紀法國哲學史的著名哲學論題，甚至被簡化為內容確定的「貝爾論斷」一語。

　　幾乎所有十八世紀的法國哲學家都無法迴避貝爾的論斷。當法國的封建制度面臨窮途末路，統治階級無法再照舊統治下去，第三等級廣大群眾不願再忍受既有社會秩序的時代，敏感的哲學家們預感到山雨欲來，醞釀中的社會大動盪令人燥動不安。不同傾向的哲學家對於一個哲學命題的不同回答，其實折射出社會各階級和階層對於反封建革命風暴的不同理解和期待。為教會和神學辯護的哲學家極力詆毀貝爾。宣傳無神論的狄德羅、霍爾巴赫等人竭誠擁護和發揮貝爾的觀點。其他的啟蒙思想家則採取曖昧的自相矛盾的態度。我們僅以三大著名啟蒙學者伏爾泰、孟德斯鳩、盧梭為例：

　　啟蒙泰斗伏爾泰十分尊敬貝爾，肯定貝爾《歷史批判辭典》在

宣揚理性、反對宗教狂熱、倡導寬容精神和信仰自由方面的功績。對於貝爾關於一個由無神論者組成的社會可能存在的著名論斷，伏爾泰多次予以評論，總的態度是有條件地贊同。

伏爾泰力主自然神論，就哲學理論本身而言，他的觀點與狄德羅、霍爾巴赫等人並無本質區別，自然神論和無神論都是唯物論。伏爾泰的「神」是一個哲學概念、並非宗教意義上的超自然的實體。❶⑮ 就這個意義上說，伏爾泰完全贊成貝爾的論斷，認為一個由無神論者組成的社會可能存在而且非常理想。在他的哲學著作《哲學辭典》的「無神論者」辭條中，伏爾泰寫道：

> 許多有學問的中國人是無神論者，在北京與這些溫良恭儉讓的人一起生活非常愉快，無神論者的社會可能存在的主張是正確的。中國的這些無神論者是哲學家，可以在一定的社會法則下過著非常明智和幸福的生活，在他們當中度過一生比在迷信和狂熱的人中度過一生要愜意。❶⑯

伏爾泰還通過揭露貝爾論斷反對者自相矛盾來支持貝爾。他指出，那些最猛烈攻擊貝爾論斷的人，那些以瘋狂的辱罵來否定一個無神論社會存在的可能性的人，同樣堅定不移地認為中國是一個無神論國家，這些人如何自圓其說呢？為了論證貝爾論斷的正確性，伏爾泰不僅依據到中國傳教的西方傳教士發回的大量報告一再講到中國，而且還舉出西方社會存在過的許多無神論群體：懷疑論者懷疑一切，學院派對一切事物的判斷採取懸而不決的辦法，伊壁鳩魯

---

❶⑮ 參見拙著《伏爾泰》，東大圖書公司1995年版，頁87。

❶⑯ 同❶⑮，頁85–86。

派深諳上帝不能干涉人類的事務，實際上在心靈深處不承認上帝。他說，羅馬元老院的議員和騎士更是真正的無神論者，因為對既不畏懼神又不希望從神那裏得到任何東西的人來說，神根本就不存在，因此在凱撒和西塞羅的時代，羅馬元老院確實是無神論者的議會。西塞羅就說過：「我們根本不相信所有關於地獄的愚蠢傳說。」伏爾泰指出，認為一個無神論者社會不可能存在的觀點的論據是，不受約束的人被認為無法和睦相處，以上這些群體的存在證明這種觀點錯了。不僅如此，伏爾泰還補充貝爾對他的論斷的論證。伏爾泰說，貝爾似乎本該問一問，宗教狂熱和無神論相比哪個更危險。狂熱肯定要有害一千倍。因為無神論者不會激起血腥的激情，而狂熱則會激起；無神論不贊成罪行，可是狂熱引起罪行。

　　然而伏爾泰贊成貝爾的論斷是「有條件的」。 在他看來，一個無神論者組成的社會是可能存在的，但這些無神論者必須都是有學問的人或哲學家。他認為社會的兩極，即君主和下層群眾不能沒有宗教，一個無神論國王可以無所顧忌地殺人，而不畏懼上帝的民眾不好治理，因此伏爾泰說：要讓各國君主和人民把一個可以賞善罰惡的至高無上的存在的觀念銘記在心，這是絕對必要的。

　　所謂伏爾泰「有條件地」贊成貝爾的論斷，其實反映了伏爾泰哲學和社會思想的矛盾。在自然觀上，伏爾泰嚴格遵循自然神論的基本思想，認為承認上帝存在只具有理論意義，純粹是哲學理論的邏輯需要，並且根據他所論證的「上帝不可認識」的學說拒絕追究上帝的屬性問題。但是在談到社會問題時，他又提出承認上帝存在可以約束人們的行為，是維護社會道德的必要前提。例如伏爾泰在《哲學辭典》中解釋「上帝」這個概念時說，促使我們相信上帝存在的主要原因，並不是形而上學的理由，而是因為相信上帝存在是

社會生活的需要，出於維護社會公德的考慮，承認神要比否認神好。因為普遍相信有一個上帝並且相信上帝可以賞善懲惡，能夠防止人們從事罪惡的活動，或者避免陷於邪惡而不能自拔、作了壞事不受良心譴責。伏爾泰認為在實際的社會生活中，神可以起到司法起不到的作用，杜絕法律無法杜絕的事情。

在「靈魂」問題上伏爾泰也有類似的觀點。他一方面反對宗教宣揚的靈魂不死和天堂地獄的「鬼話」，另一方面又提出：「一切人的共同福利要求我們相信靈魂永生」❼，認為否認靈魂不死將使人們無所畏懼地作惡。

伏爾泰關於承認上帝存在可以約束人們行為的觀點，給他的自然神論帶來了困難。他本來認為上帝的全部活動只限於創造世界並使之運動，所謂上帝的本質和屬性無從瞭解，現在他又承認上帝具有在人間賞善罰惡的能力，這不但自相矛盾，而且這樣的上帝已經與宗教宣揚的上帝並無本質區別。伏爾泰意識到自己的矛盾。他企圖用確立兩套標準的辦法來擺脫這種困境。伏爾泰認為，作為一個哲學家，應該遵循嚴格意義上的自然神論，上帝只具有抽象價值，甚至貝爾所謂無神論者組成的社會可能存在的論斷也可以成立，只是這個無神論社會必須全部由學者和哲學家組成；但是對於現實社會來說就不同了，承認上帝可以賞善罰惡還是必要的。他說，不要說讓貝爾來管理整個社會，哪怕只讓他管理一個小莊園，如果莊園裏的農奴全部信奉無神論的話，他就知道管理起來將會多麼困難。因此，伏爾泰說了一句廣被引用的名言：即使沒有上帝，也必須創造一個！

---

❼　伏爾泰：《哲學通信》，中文版，高達觀等譯，上海人民出版社1961年版，頁46。

伏爾泰之所以陷入混亂、矛盾和向宗教信條妥協，關鍵在於他對廣大下層群眾的看法。在他看來，作為社會下層的勞動群眾是無知而盲目的，既易被教士們蠱惑陷入宗教狂熱，又可能因無神論而變得肆無忌憚胡作非為，為了社會的安定和維持一定的道德水平，應該保持一種社會宗教，通俗而易於為群眾接受。這種社會宗教區別於新舊基督教，不是制度化的宗教，沒有迷信和狂熱，也不需要教士和宗教儀式，但是它承認上帝能賞善罰惡。

與伏爾泰並列的啟蒙學者孟德斯鳩也是自然神論者，也反對封建專制主義和宗教狂熱。但是他的宗教觀也充滿了矛盾。孟德斯鳩在哲學上只承認上帝是世界的始因，是世界的「創造者和保養者」，上帝並不干涉自然界的事物，世界是受自然規律支配的，上帝不能改變自然規律。他說：「我們的世界是由物質的運動形成的，並且是沒有智能的東西，但是它卻永恆地生存著。所以它的運動必定有不變的規律。」[18]他也反對靈魂不滅思想，並且是作為一個法學家從法學和維護社會秩序的角度批判靈魂不死論。他認為，鼓吹靈魂不死必然給社會帶來極大的害處，因為相信永生的人就可能不履行公民義務，嚮往來世的人就可能很少關心自己的現世生活，不僅不想為改善現實社會而鬥爭，而且使法律失去維持社會秩序的作用。他說：

對那些相信在來世肯定可以得到報償的人們，立法者是無能為力的。他們過於輕視死亡了。假使一個人確信，官吏所可能給他的最重刑罰結果恰恰就是他的幸福的開始，法律還有

---

[18]　孟德斯鳩：《論法的精神》上冊，中文版，張雁深譯，北京商務印書館1978年版（下同），頁1。

什麼方法去約束他呢？ ⑲

孟德斯鳩的這一思想，是與梅里葉一致的，下面我們談到梅里葉的
意見時再作分析。

然而孟德斯鳩是矛盾的。他反對天主教為封建專制統治為虎作
倀，卻讚賞為市民資產階級接受的新教。他從發展經濟和推進社會
進步原則出發，認為宗教改革以後出現的基督教新教比天主教優越
得多。他說，在新教各國「田地耕種得更好」，「商業更為繁榮」，「因
為想發財的人更多，需要增加了，滿足需要的辦法也增加了」 ⑳。
至於天主教各國，不但田地荒蕪，實業也受到損害。他說：「在新
教徒之間，商業使一切生氣勃勃；在天主教徒之間，修道制度到處
散播死亡。」㉑與這種讚賞新教的思想相輔相承，孟德斯鳩反對無神
論，認為「沒有神明存在的思想，就將產生人類恣肆無羈的思
想」㉒，保留上帝賞善罰惡的宗教信條還是必要的。與伏爾泰不同
的是，孟德斯鳩不強調這一信條對老百姓的約束力，而期望對君主
產生影響。他認為「一個完全不信宗教的君主，就好比是一隻可怕
的動物，它只有在把人撕碎、吞食時才感到它的自由」㉓。他幻想
用冥冥之中有上帝審視和懲獎人間善惡的精神壓力抑制專制君主濫
用無限君權。他寫道：

---

⑲　孟德斯鳩：《論法的精神》下冊，頁149。

⑳　孟德斯鳩：《波斯人信札》，中文版，羅大岡譯，人民文學出版社1958
　　年版（下同），頁202。

㉑　同⑳，頁203。

㉒　同⑲，頁139。

㉓　同⑲，頁140。

即使說，老百姓信仰宗教是沒有用處的話，君主信仰宗教卻
是有些用處的；宗教是唯一約束那些不畏懼人類法律的人們
的韁繩，君主就像狂奔無羈、汗沫飛濺的怒馬，而這條韁繩
就把這匹怒馬勒住了。❷❹

　　盧梭在十八世紀法國啟蒙運動中因《論人類不平等的起源及基
礎》、《社會契約論》等著作所倡導的社會契約論和人民主權論為
1789年爆發的法國大革命奠定了理論基礎，大革命過程中以羅伯斯
比爾 (Maximilien de Robespierre, 1758–1794) 為首的雅各賓派的激
進政策，正是盧梭革命民主主義社會思想的政治實踐。盧梭的影響
是巨大的，雖然至今人們對他的思想和實踐的歷史價值褒貶不一，
但是他在政治理論上的建樹不可磨滅。然而在哲學和宗教思想方面，
盧梭卻充滿了矛盾、混亂、軟弱和無奈。盧梭的哲學思想總體上可
以歸類於自然神論，但是與伏爾泰、孟德斯鳩的自然神論比較是不
徹底的，混雜有更多的唯心論色彩。

　　盧梭肯定物質世界的客觀存在,指出外界事物是感覺的對象,
認識就是人的感官對外界事物的反映。但是他受機械論影響，把物
質和運動割裂開來，認為物質的自然狀態是靜止、分散、無生命，
本身沒有任何活動能力。他設想有一個最高主宰或宇宙意志存在，
它賦予自然物質以活動規律，把宇宙組織得井然有序、和諧完善。
盧梭認為這個宇宙意志就是上帝。他在名著《愛彌兒》中說：我把
所有的書都合起來，只有一本書打開在大家的眼前，那就是自然的
書，正是在這部宏偉的著作中我學會了怎樣崇奉它的作者。他反對
基督教把上帝人格化。他認為要回答上帝是怎樣的超出了人的理智

---

❷❹ 同❶❾，頁139–140。

能力。盧梭關於上帝存在的這個思路，與伏爾泰等人如出一轍，符合自然神論的邏輯。

但是在談到肉體與靈魂的關係時，盧梭卻陷入了唯心論。與伏爾泰純粹從社會功利出發承認靈魂不死這種機會主義的態度不同，盧梭想從哲學角度談論靈魂問題，從而陷入神秘主義。盧梭認為人由物質實體和精神實體兩種實體結合而成。肉體是物質的，被動的，由靈魂給它以生命，靈魂作為一種無形的永恆的實體，它不依賴肉體而獨立存在。靈魂與肉體的結合一旦瓦解，肉體死亡，靈魂仍然存在，人開始過一種純精神的生活。幽靈將追憶塵世生活的一生，這樣的回憶將使好人感到慶幸，壞人感到痛苦。

盧梭關於靈魂不死的思想構成了他的宗教觀的核心。像他的政治思想和哲學思想具有二重性一樣，盧梭的宗教觀也具有二重性。他一方面反對無神論，與狄德羅、霍爾巴赫等人激烈爭論，另一方面又與伏爾泰、狄德羅等人一起投入反對天主教信仰主義和教權主義的鬥爭。他主張宗教寬容和多種宗教並存。他說，所有的宗教在上帝看來都是好的，只要這些宗教都從心裏敬奉上帝，而不用峻刻的教義和教規來扼殺人性，就是好宗教。

盧梭思想的二重性，他的激進的民主主義和在政治、哲學以及宗教思想中表露的落後、保守成份的矛盾，正是他所表達的法國小資產階級既有強烈反封建要求又深感在蓬勃發展的資本主義衝擊下前途未卜的階級情緒的反映。盧梭的宗教觀，正體現了劇烈的社會轉型期這個雜蕪的階級和階層的偏見和無奈，是對待社會矛盾的一種軟弱無力的政治、道德手段。盧梭認為，上帝賦予人意志和行動自由的自然本性，本意是要人通過選擇棄惡從善，但上帝也不能禁止人作惡。私有觀念和種種社會罪惡的產生，是由於人們違背了上

帝刻印在人的靈魂中的正義原則和肉體的慾念勝過了良心的呼聲。
這樣，盧梭就把深刻的社會矛盾，最終歸結為靈肉衝突的陳腐說教。
盧梭在尖銳的貧富對立面前無能為力，只好祈靈於上帝和良心。他
企望通過宗教感化，喚醒良心，重新「使人的天性善良和行為合乎
道德」，使人人「行事正義」，改變「壞人是命運亨達，而正義的人
一直受到壓迫」這種不合理的社會現實㉕。伏爾泰保留上帝賞善罰
惡功能，實際上是為了使即將成為社會主人的法國市民資產者便於
操縱勞動群眾的靈魂。而盧梭則聲言：若真沒有神的存在，當今有
權勢的人們、富人們、幸福者們一定是很高興的，但是對來世生活
的期待，卻可以安慰人民和受苦者的現世生活。他要請出上帝來抑
制富人，充當小私有勞動者的保護者和安慰者。

　　盧梭讚賞基督教的福音書宣揚四海之內皆兄弟，有利於社會
「建立在人道與博愛的基礎之上」㉖。他主張建立一種道德化的感
情宗教，傳揚人道與博愛的社會感情，調和貧富對立的階級矛盾，
作為維護他的政治理想的重要手段。這就是他在《社會契約論》中
要樹立的國教「公民宗教」。 這種宗教不干涉主權者的政治活動，
只教人按照正義與良心履行道德責任，洗滌社會的惡行。盧梭要求
為這種宗教制定一部精神法典，它的條款是人們行為的社會準則，
用以規範「社會性的感情」， 督促人人信奉神明，保障「正直者的
幸福，對壞人的懲罰，社會契約與法律的神聖性」㉗。

㉕　盧梭：《愛彌兒》下卷，中文版，李平漚譯，北京商務印書館，1978
　　年版，頁417、404。

㉖　盧梭：《社會契約論》，中文版，何兆武譯，北京商務印書館，1980年
　　版，頁170。

㉗　同㉖，頁175–176。

伏爾泰、孟德斯鳩和盧梭三位啟蒙學者有的直接，有的間接回答了貝爾的論斷。梅里葉對這個問題的看法獨具特色。他對詰難者的回答直截了當。

梅里葉首先指出，他批判宗教的虛偽性和欺騙性，是為了揭露封建統治者利用宗教迷誤維繫封建統治，是為了「揭穿他們的謬誤、自欺和詐騙行為」❷❽。他認為宗教本來就是僧俗統治者維持封建統治的工具，當然對統治者不起作用。他說：「這種對上帝對眾神靈的恐懼心以及對所謂來生地獄懲罰的恐懼心一點也嚇不倒壞人」❷❾，暴君、狠毒的財主和一切有錢有勢的人，在梅里葉看來都是「壞人」。他說，在他們的殘暴統治中濫用職權、貪暴作風和偏私不公行為說明，上帝的懲罰和來世的地獄嚇不住他們。至於普通的老百姓，梅里葉認為只要常常用司法的懲罰「這種實在的恐懼」來啟發他們，他們就會失去來自宗教的無謂的恐懼。他說：「毫無疑義，對司法懲罰這種恐懼心在他們心靈上產生的印象，要比他們對神靈或地獄的恐懼心所產生的印象強烈得多。」❸❶梅里葉是徹底的唯物主義者和無神論者，他否認靈魂不死，他認為宣傳上帝存在是欺騙和虛妄，這樣明朗的哲學信念使他從根本上否定上帝賞善罰惡的社會功能；同時，他又是站在社會底層最貧苦的農民和無產者的角度看待一切社會現象的，他尖銳批判世俗封建地主壓榨農民，他無情揭露各級教士和僧侶愚弄群眾，他不僅否定宗教維護社會秩序和道德的功能，而且認為宗教迷誤本身就是最大的社會禍患。他寫《遺書》的首要目的就是揭穿宗教的騙局，恢復社會正義和自然理性。梅里葉不是

---

❷❽　同❶，頁216。

❷❾　同❷❽。

❸❶　同❷❽。

法學家，但是他懂得只有公正的法律才能維護社會秩序和威懾犯罪。這種健康的理性與法學家孟德斯鳩的觀點是相同的，只是孟德斯鳩沒有貫徹到底陷入自相矛盾，而梅里葉卻激烈譴責了宗教狂熱引起的種種暴行和宗教掩飾下僧俗統治者的道德墮落。他的思想中沒有伏爾泰、孟德斯鳩、盧梭的困惑和難題。他既不像伏爾泰那樣想用上帝鉗制廣大群眾，也不像孟德斯鳩那樣幻想用宗教羈絆君主濫用王權。相反，梅里葉大聲疾呼打倒暴君，推翻封建統治，他呼籲的是勞動群眾起來造反，用革命和暴動爭取解放，他顧慮的是人民群眾不覺悟、不鬥爭、不知道如何維護自己的權利和利益。他對被壓迫人民的解放滿懷信心。他認為爭取解放是人民自己的事情。他也沒有盧梭的憂鬱和無奈，更不會像盧梭那樣請出上帝安慰窮人。

　　其次，梅里葉指出，並不是使人們認識了真理反而促使他們作惡，不是懂得了被壓迫、被欺騙的真相反而使人民群眾成為不道德的人。他說：「使人民群眾成為這種人的原因是知識貧乏，是未受教育和沒有良好的法律和良好的政府。」❸「不良的法律和不良的管理使一部分人變成不道德和邪惡的人」❸。梅里葉駁斥詰難者的意見，顯然貫徹了他徹底反封建的革命精神，體現了深刻的啟蒙意識。梅里葉所謂「不良的法律」、「不良的政府」、「不良的管理」等等，概括起來說就是封建制度。他分析封建制度下「不道德和邪惡的人」有兩種產生途徑。一是生在富貴之家。他們誕生在豪華、顯貴、富裕之中，把政府的權力和「情面、出身、物質保證等等聯繫在一起」，並且「希望像他們不公正地誕生和養育在富貴環境中一樣，再同樣不公正地把這些富貴永遠據為己有。」❸二是誕生在貧窮困苦中。這

---

❸　同❶，頁217。

❸　同❸。

是些普通百姓。他們雖然用盡各種方法努力擺脫貧困，但各種公正和合法的方法總是不行，「微賤的出身」總是同「不足的物質保證」聯繫在一起，「那些不良的法律和制度會促使他們過不道德和邪惡的生活。」❸梅里葉得出結論說，決不是科學和對自然真理的認識使人們為惡，而是「不良的法律和風俗」，即封建秩序和貴族特權所形成的貧富不均和社會不平等造成了人們的惡行、偏私、欺騙、不誠實和仇恨。他說，如果消除了封建壓迫；如果人民獲得良好的管理和良好的教育；如果榮譽、聲望、生活的快樂不是同社會出身和一定的生活條件相聯繫，而是同德行和個人功勳相聯繫，人們就不會邪惡和不道德。

上述可見，梅里葉自然哲學和社會哲學的觀點是始終如一的，徹底的唯物論和無神論為他反對封建統治和反對宗教迷誤思想奠定了堅實的理論基礎，不妥協的反封建精神和倡導理性、崇尚法律、強調教育的啟蒙意識與他的哲學思想在邏輯上是統一的。當然，儘管梅里葉駁斥論敵的論證明確有力，但他關於社會革命和推翻封建制度就能提高社會道德水平的議論仍然十分素樸和空泛，具有濃厚的空想色彩。推翻封建制度既不像他所設想的那樣簡單，一場揭竿而起的群眾革命運動也不會按照哪一位思想家的既定設計進行。梅里葉傾心呼喚的法國大革命的實際歷史進程，它所經歷的曲折複雜的鬥爭和恐怖流血代價是梅里葉預料不到的。

梅里葉社會革命思想的這些缺陷是可以理解的，他早在法國大革命爆發六十年前的預見，是超歷史的。當他奮筆疾書革命激情之時，歷史不過剛剛翻開十八世紀法國啟蒙運動的第一頁，為大革命

---

❸　同❶，頁217。

❸④　同❸。

作思想和理論準備的啟蒙運動還要經歷半個世紀的發展過程，總計兩百多位啟蒙學者還要在「理性」、「正義」和「真理」的旗幟下沿著梅里葉開闢的道路奮勇前進，用哲學、政治學、文學和藝術等等一切文化手段，批判封建專制主義和宗教蒙昧主義，經歷像《百科全書》的編纂、出版和發行那樣持久的鬥爭。法國第三等級的廣大群眾也還要經歷從宗教狂熱和偏執狀態逐漸覺醒的過程：勞苦大眾需要通過痛苦的生活實踐的教訓和啟蒙思想的啟迪，逐步衝破宗教迷誤；作為第三等級領袖的市民資產階級，需要逐步擺脫依靠王權發展資本主義的幻想，堅定徹底推翻封建制度、建立資產階級政治體制的自信。總之，對於在十八世紀二〇年代梅里葉鼓吹社會革命和為革命辯護言論中幼稚、空想的成份，人們不應該苛求一位鄉村神父。

值得稱道的是，與伏爾泰、孟德斯鳩和盧梭比較起來，梅里葉對貝爾論斷的回答觀點鮮明毫不猶豫。他相信通過革命推翻封建統治以後，一個理想的無神論社會可以建立起來，依靠良好的法律和普及教育，而不是假設一個賞善罰惡的上帝來維持社會秩序和道德。這裏深刻反映了梅里葉思想的人民性。他是站在人民群眾之中，作為社會底層最貧苦的農民和無產者群眾的代言人在議論和思考，他瞭解他的鄉親，他相信他的農民兄弟的善良和純真，他的愛憎體現了農民和無財產群眾的情緒。在梅里葉的思想裏，既沒有貴族老爺的印跡，也沒有資產者的顧忌。

梅里葉社會哲學的第二主題，是他幻想推翻封建制度以後，為了實現社會平等，必須建立消滅私有財產的共產主義公社制度。這是梅里葉有別於大多數十八世紀法國啟蒙思想家的特點。他在這方面的思想，既不同於伏爾泰、孟德斯鳩，也不同於同樣譴責財產私

有制度的盧梭，但在啟蒙學者隊伍中並非絕無僅有。歷史學家馬布利 (Gabriel Mably, 1709–1785)，社會學家摩萊里（Morelly，生卒年月不詳，約與馬布利同時）， 組織密謀起義的空想共產主義者巴貝夫(Cracchus Babeuf, 1760–1797)都是他的思想的繼承者。甚至哲學家狄德羅也讚賞過某種共產主義生活。

在十八世紀的法國，在探索推翻封建制度之後建立一種什麼樣的理想社會的討論中，啟蒙學者們思想活躍，觀點各異，呈現百家爭鳴的局面。伏爾泰崇拜英國，希望在法國也建立一種君主立憲的議會制民主制度；孟德斯鳩創立三權分立學說，期待法國成為權力制衡的法制國家；盧梭倡導社會契約和主權在民原則，主張推翻王權，建立民主共和國；其他啟蒙學者在學術領域各有專長，政治上的追求沒有伏爾泰、孟德斯鳩和盧梭三人旗幟鮮明，卻也超不出他們涉及的範圍。反對教權主義，反對專制主義，反對等級特權，嚮往政治平等、民主自由，是他們的共同理想。在持續近一個世紀的啟蒙運動中，幾代啟蒙學者的政治理想也不是固定不變和涇渭分明的，正如他們在哲學上有自然神論和無神論之分但相互影響相互滲透一樣，他們的政治思想也是變動不居和隨時代前進的。以《百科全書》主編狄德羅為例：他在哲學上，最初主張自然神論，後來變成堅定的無神論唯物主義哲學家；談到政治思想，狄德羅的基本主張與伏爾泰、孟德斯鳩類似，要求仿照英國的榜樣，由人民選出代表，建立代議制政府，使人民能與國王共享政權。他所謂「人民」和「人民代表」，指的是資產階級的代表。因為他認為代表必須有財產和地產，甚至認為代表大會「應由大私有者組成」， 這是一種有資格限制的代議制，窮人被排除在外。但是狄德羅的政治思想是複雜和矛盾的，這不但表現在他在自己的作品中揭露農民受到沉重的

封建壓迫和盤剝，表現在他認為「平等」不能僅限於政治權利，也應包括財產平等的社會權利，他在〈布甘維爾游記補遺〉這篇文章中，甚至描繪了一幅共產主義生活圖景。在這篇文章中，狄德羅敘述在塔西提烏托邦中，沒有私有財產，沒有剝削壓迫，居民平等自由和和平幸福。狄德羅幻想的這個塔西提共產公社與下文還要談到的摩萊里的《巴齊里阿達》烏托邦極為相似，與梅里葉和馬布利憧憬的共產主義生活也精神相通，表達了狄德羅同情共產主義思想和對財產私有制度持批評態度的傾向。與此相關的一個歷史事實也發人深思：在十八世紀的一個相當長的時間裏，摩萊里當時匿名出版的空想共產主義著作《自然法典》一書，一直被認為是狄德羅的作品，曾被收入1773年在倫敦出版的狄德羅文集中，狄德羅本人卻令人費解地始終不予否認。這個誤會甚至延續到狄德羅逝世以後，例如1797年當巴貝夫在凡多姆法庭上慷慨陳詞駁斥督政府對他和他的密謀起義同伴的起訴時，還莊嚴宣稱自己是「《自然法典》作者狄德羅」的學生。

上述這些問題，與狄德羅政治思想的基本內容夾雜在一起，似乎分別構成他的思想的不同傾向，展示出他的社會政治觀念的多層次性。狄德羅政治理念的這種不同傾向和多層次性，恰恰反應了啟蒙時代進步學者的精神面貌和時代特徵。十八世紀法國啟蒙運動是以資產階級為首的第三等級各個階級和階層代表參加的反封建思想解放運動。分別反映了第三等級各個階級和階層利益的啟蒙學者不僅都表現了為真理而鬥爭的大無畏精神，而且也都表現了衝破一切傳統觀念的束縛、與舊世界徹底決裂的氣概。他們以天下為己任，要立即解放全人類，以在世界上消滅專制、壓迫、貧困、愚昧和不平等為畢生奮鬥目標。他們胸襟開闊，視野寬廣，對未來充滿信心。

狄德羅政治思想的不同傾向和多層次性,正是這種時代精神的體現。他在堅持資產階級政治經濟利益的同時, 還以農民利益的捍衛者自居, 甚至嚮往某種徹底消滅貧富不均的理想社會原則, 正可以從當時法國資產階級開創新世界、雄心勃勃奔向未來的精神狀態中找到答案。

就梅里葉的社會理想來說, 他雖然是十八世紀法國啟蒙學者中最早提出共產圖景的思想家,但是他用以論證這種社會原則的理論,卻是與其他啟蒙學者論證不同的理想社會原則的理論相同的。換言之,他們都是從當時流行的同一種社會理論出發而得出不同的結論。這就是所謂自然法權論或自然秩序論, 簡稱自然法理論。因此我們在研究梅里葉社會哲學的第二主題即他關於共產公社思想時, 首先探討一下他的主張的理論基礎。

自然法理論是十七、十八世紀流行於歐洲的一種唯心主義歷史觀。這種觀點從人性論出發, 一方面主觀主義地設想原始人類的生活圖景, 即所謂人類童年的「自然狀態」和「自然秩序」, 另一方面脫離人的社會性和階級性來談人的「自然權利」, 追求一種「合乎自然」的理想社會原則。至於怎樣設想原始人類的自然秩序和追求怎樣一種自然權利, 不同時代、不同國度、不同階級的思想家之間又存在很大差別。自然法理論雖然是一種並不科學的歷史觀, 但它是針對基督教神權和宗教歷史觀提出來的, 具有反對宗教神學和封建統治的歷史進步性, 幾乎為當時所有進步思想家所信奉, 在它的基礎上產生過各種各樣的社會學說, 發生過巨大影響。

例如霍布斯, 他是十七世紀英國自然法理論的代表人物。他認為人類在國家產生以前處於「自然狀態」中, 每個人都享有自然權利, 自然把一切給予了每一個人。但是就人的本性和本質而言, 人

是自私的，具有「自我保存」的本性。在自然狀態下，有三種原因使人們之間不能友愛相處。一是競爭，它使人爭利；二是猜疑，它使人爭安全；三是榮譽，它使人爭名。這就決定了每個人都力求保全自己，確立自己的主人地位和支配他人。然而人類在體力和智力上天然相等，每個人都平等地擁有爭名、爭利、爭安全的權利，這就必然產生人們之間的利害衝突。因此霍布斯認為，在自然狀態下，利己主義的企求和恐懼成為人的標誌，人與人像狼一樣互相吞食，自然狀態就是一切人反對一切人的普遍戰爭狀態。由於自然狀態無法實現自我保全的目的，人們只得根據自然法原則相互訂立契約，把自然狀態下每個人表面上擁有的普遍的絕對權力轉讓給最高統治者，由他來保障社會和平和個人安全。這樣就產生了國家。霍布斯認為君主專制是國家制度的最好形式。

英國十七世紀另一位自然法理論的代表人物是洛克。洛克認為在自然狀態下，人們根據自然法都平等地享有生命、自由和私有財產等自然權利。自然狀態不是「一切人反對一切人的戰爭狀態」，而是一種「和平、自由和互相幫助的狀態」。自然狀態是自由的，人人都可依其自由意志決定自身的行動，但並非放任無羈，因為有人人共同遵守的自然法，理性起著支配作用。人與人之間的關係是平等的，任何人都沒有多於他人的權利，也不存在從屬或受制關係，任何人都不得侵害他人的生命、健康、自由和財產。但是洛克認為自然狀態並不是人類理想的生存狀態，因為沒有一個有權根據法律裁判爭端的公正的裁判者，也沒有一種權力保證判決的執行。為了更好地保護生命、自由和財產等自然權利，為了公共的幸福和安全，人們訂立契約，組成國家，由它來裁判糾紛、處罰犯罪。國家的最高目的在於保護私有財產，最好的政體形式是君主立憲制。

　　盧梭的自然法思想與霍布斯和洛克不同。他不同意從對人類自然狀態的分析中，引伸出私有制天然合理、君主制符合自然法權的結論，從而把社會不平等合法化。他把人類歷史分為「自然狀態」和「社會狀態」，前者為原始社會，後者即文明社會。為了論證人類不平等的起源和基礎都在文明社會，盧梭首先提出「自然人」概念以區別「文明人」，他認為原始人類是自然人，或稱「野蠻人」。自然人是孤獨的、自由的、不具有社會性，人與人之間沒有任何道德上的關係，他們既無所謂善，也無所謂惡，只具有自愛心和憐憫心兩種天賦的自然感情。自愛心和憐憫心在自然狀態下起著代替法律、道德和風俗的作用。由於自然人沒有強烈的情慾，同時又受憐憫心的約束，他們之間不易發生十分尖銳的衝突。他說自然人爭執的對象如果不比食物更令人動心的話，則很少產生流血的後果。他認為自然人沒有過社會生活的本能，他們生活在一種彼此孤立、沒有任何社會聯繫的自然狀態下。自然人分散地、孤立地生活在森林裏，生活在野獸中間，彼此之間誰也不需要誰，只靠土地的自然產物生活。在自然狀態下，自然人「沒有農工業、沒有語言、沒有住所、沒有戰爭、彼此也沒有任何聯繫，他對於同類既無所需求，也無加害意圖，甚至也許從來不能辨認他同類中的任何人。」❸盧梭強調自然人過的是一種完全自由平等的生活。他說自然人除了因年齡、健康和體力不同所造成的自然不平等或生理不平等以外，沒有任何其他不平等，沒有「我的」、「你的」觀念，沒有奴隸和主人，沒有服從和被服從，沒有奴役和被奴役等不合理現象。總之盧梭認為自然人本性淳樸，和平共處，道德上潔白無瑕，根本不存在霍布斯所

---

❸　盧梭：《論人類不平等的起源和基礎》，中文版，李常山譯，北京商務印書館，1962年版，頁106。

說的「普遍戰爭」狀態。

　　梅里葉的自然法思想，與霍布斯、洛克和盧梭都不相同。他所理解的「自然秩序」，既不像霍布斯所說原始社會人與人之間的關係就是狼與狼之間互相爭鬥吞食的關係，也不認為原始人類只是一些相互毫不相干的孤獨的個人，更不同意像洛克那樣把財產所有權看成自然權利。梅里葉認為自然法的基本精神是人人天生平等，認為每一個人「同樣有權在地上生活和立足，同樣有權享受天賦的自由和他的一份世間福利，人人都應當從事有益的勞動，以便取得生活中必需的和有益的東西。」❸❻根據這樣一種社會原則衡量人類的歷史和社會制度，梅里葉相信歐洲流傳甚廣的所謂「黃金時代」的傳說，認為人類曾經有過幸福的「童年」。他說遠古時代人們按照自然秩序生活，保持良好的道德和習慣。「那時他們沒有界碑和田界標，人人都在一個大家庭裏生活，甚至土地不待播種，也能產生各種豐裕的果實。」❸❼自然像母親一樣把所有的人都置於它的監護之下，誰也沒有私有財產，土地和財富都是公有的，勞動的果實由所有成員共同享用。「任何人所得的份額不會太多也不會太少，一切都是按全體同意的辦法來分配的。」❸❽梅里葉引述古代著作說，那時強者還沒有欺凌弱者，吝嗇人還沒有把他那無用的儲蓄隱藏起來而使別人得不到所需要的東西，人們對別人也像對自己一樣關心。梅里葉甚至相信這樣的說法：遠古時代人們按照自然秩序生活，「社會財富處在十分可靠的掌握中。可以有充分的理由說，那時的人是無限富裕的，當中找不到一個窮人。」❸❾他特別引用一首詩讚美這種

---

❸❻　《遺書》第二卷，頁82。

❸❼　同❸❻，頁118。

❸❽　同❸❻，頁119。

「自然狀態」下的原始生活，詩的大意是：

> 黃金時代最先出現，當時沒有管懲罰的政權，沒有法律，它
> 自動維持信仰和真理的尊嚴；沒有掛著的銅牌上的懲罰和恐
> 怖，聽不到嚴厲的話，看不到有人在法官面前卑躬屈節，人
> 群中沒有恐怖，沒有法官，人人卻都安全。❹

梅里葉認為，由於「貪慾和極端的浪費破壞了人類的這種公有制」❹，土地被界碑分開，財富被私人佔有，人們的貪慾壓倒了理性，少數人越來越富，多數人越來越窮，剝削和壓迫隨之而來，結果拋棄了自然法權，葬送了人類的「黃金時代」，開始了社會不平等的苦難歷程。他認為貪慾造成了私有，私有助長了貪慾，這種惡性循環使得貧富差別和不平等越來越嚴重，每個人都不擇手段地力求增加自己的私有物，到頭來最強橫、最狡猾、最惡毒、最卑鄙的人幾乎佔有了一切社會財富，其餘的人則淪為一無所有的奴隸。

上述可見，梅里葉運用自然法理論得出了必須消滅私有制度才能實現社會平等、再造人類「黃金時代」的結論。

明瞭梅里葉建立共產公社思想的理論基礎，還應探討一下他的這種社會理想的思想來源。

世界各古老民族的歷史文獻中，幾乎都記載了人類追求一種沒有貴賤貧富之分、沒有剝削壓迫之害、沒有各種社會苦難，人們平等、自由、幸福友愛的美好社會理想。中國古代有士大夫的「大同」

---

❸⑨　同❸⑦。

❹⓪　同❸⑧。

❹①　同❸⑥，頁118。

理想和農民的「太平」思想，古希臘羅馬有柏拉圖的《理想國》和關於「黃金時代」的傳說，早期基督教有「千年王國」的幻想和中世紀的某些「異教傳統」等等。這些美好理想反映了不同國度奴隸制度、封建制度壓迫下人民群眾的期盼和追求。人類解放是一個亙古如今的話題。

在法國，從十七世紀開始，像梅里葉一樣要求消滅財產私有制度、建立某種形式的共產和平等制度的思想就已產生，一股空想社會主義思潮已經興起，其代表人物為德尼・維拉斯 (Denis Vairasse，約1630–1700年) 和他的烏托邦著作《塞瓦蘭人的歷史》，十八世紀的摩萊里等人直接接續了這一思潮。但是從《遺書》可以看到，梅里葉並不知道維拉斯的著作，甚至也不知道英國人和意大利人在此之前已出版和廣泛流傳的類似著作，他自成一家，與這股思潮不謀而合，這個事實證明，梅里葉提出消滅私有財產制度、建立共產主義公社思想具有深刻的社會歷史根源，並非一個鄉村神父異想天開的幻夢。這個問題我們留待下一章一併討論。

梅里葉關於未來公社思想的來源，除受上述「黃金時代」傳說影響之外，還受到柏拉圖的影響，特別是從原始基督教某些觀念得到啟發。在梅里葉的知識結構中，古代文獻和宗教著作是他所熟悉的。古希臘哲學家柏拉圖在其政治學著作《理想國》中，構想了一個實行財產公有的社會，對文藝復興以後西歐產生的空想社會主義思想家產生了很大影響，梅里葉也不例外。梅里葉稱這位古代哲學家為「神聖的柏拉圖」[42]，說柏拉圖希望建立公民可以完全和諧地共處、把「我的」和「你的」從語彙中取消的國家。至於梅里葉從基督教吸取思想的材料設想理想社會原則，有兩個方面的內容。一

---

[42]　同[36]，頁119。

方面，梅里葉認為原始基督教有過財產公有的實踐。他說：「基督教最初顯然想使教徒過這種最好的、最適合人類的共同生活。這不僅表現在它教導教徒要彼此看作平等的兄弟上，而且也表現在最初的基督徒的實踐上。」❸他指出，根據《使徒行傳》記載，早期基督教徒把一切財產都交給「公庫」，他們當中沒有一個窮人，全體信徒一心一德，誰也沒有私有財產。他們把「神聖公社」，即信徒財產公有作為信仰和宗教的主要標誌之一，並以此顯示他們的神聖性。梅里葉說，可惜這種財產公有的神聖公社並沒有長時間保持下去，像黃金時代被破壞一樣，貪婪也瓦解了公庫制度，神聖公社的原則，只剩下今日聖餐禮中教徒分吃麵團小像用以象徵「共享福利」的可笑儀式。另一方面，梅里葉認為天主教修道院裏的僧侶所保持的財富共有共享的生活方式，又向人們顯示了共產原則的優越性。梅里葉說，修道院建築壯觀，裝飾華麗，倉庫充實，食物精美，僧侶們如果不是「宗教的最愚蠢最可笑的迷信的奴隸的話，那可以說他們是人類中最幸福的人了。」❹他繼續說，如果僧侶們財產不再公有，而把一切都分開，各人隨意享用自己的一份，他們不久就會像別人一樣，遭受各種災難和生活的一切困難。

梅里葉依據他所論證的私有制違反自然秩序、財產公有共享是自然權利這種自然法理論，吸取黃金時代傳說、古代文獻的有關內容和早期基督教有關社會平等的思想，提出了他自己關於建立共產主義公社的理想社會原則。

梅里葉認為，人民群眾起來革命，推翻剝削和壓迫制度之後，要消滅私有財產制度，建立一個公有制的社會。他主張未來社會應

---

❸　同❸，頁120。

❹　同❸，頁121。

該做到：人類在平等的基礎上共同佔有和享用一切社會財富，人人
從事正當有益的勞動。他幻想說，如果實現了財產公有和共同勞動，
土地可以生產出豐裕的產品滿足人們的需要，每個人都可以充分享
用和平生活所需要的一切東西，任何人都不會感到不足。那時候誰
都不會擔心他和他的兒女吃什麼、穿什麼，「任何人也不會為自己和
兒女而憂慮不安，不會害怕沒有住處和寄宿處，因為在設備完善的
公社裏，每個人都會擁有更充足、更舒適和便利的這一切。」❹農民
和其他勞動者將不再為了糊口而過度勞累，人人分擔一部分勞動，
不容許游手好閑和不勞而獲，人們之間將實現真正的和完全的平等。
與此同時，愚弄、欺詐、偷竊、搶劫等等現實社會的罪行將會絕跡，
「黃金時代」必將再度出現。

梅里葉並沒有像維拉斯在《塞瓦蘭人的歷史》、 摩萊里在《巴
齊里阿達》或其他空想家們那樣具體描繪一個理想社會的形象的生
活圖景，甚至也沒有集中討論他對他所憧憬的美好社會的全面設想，
但是我們從《遺書》的零星段落仍然可以看到，他實際上主張未來
社會應由許多自由公社組成。他認為，住在同一地區的人，同一城
市、同一鄉鎮、同一教區的全體男女，組成像大家庭一樣的公社，
彼此像兄弟姊妹一般互助互愛，公社的土地和一切財富都是公有財
產；人們同樣從事勞動和其他有益的工作，「每人應當按自己的行
業，或考慮到某種工作對象比較需要、比較適當，並按環境和季節
來工作」❹；同時共同享用同一種食物或相似的食物，有同樣好的
衣服、鞋子和住所，過一種平等富足的生活。梅里葉強調「每個人
都從事他自己的一份勞動和承受生活中的不便和困苦，不容許把一

---

❹　同❸，頁114。

❹　同❸，頁107。

切苦難都不公正地加在一些人身上，而只讓另一些人愉快。」[47]他還設想所有的兒童都同樣受到良好的教育，同樣吃得好，得到一切必需品，因為他們全都由社會公款扶養；由於公社成員「從少年起就受同一的道德準則的教育，服從同一生活準則，那麼人人都會全力向善，一心地、和平地趨向共同的善」[48]，整個社會的道德水平就會極大地提高。梅里葉一貫反對天主教有關教士不能結婚和夫婦不能離婚的教規，提出未來社會的婚姻是自由的結合，「給與男女以同樣的自由，按自己的愛好自由結合，當共同生活成了他們的痛苦，而新歡能促使他們作新的結合時，也可自由離婚」[49]，所以他設想公社男女婚姻關係的基礎和動機是愛情，婚姻將「永遠是愉快的、和睦的，所得到的只是快樂和滿足」[50]。

梅里葉還提出，為了保衛和平和相互協調、相互幫助，相鄰的公社應組成聯盟，這種聯盟將起到保障公有制度的作用。在公社內部，領導人將是最英明、最善良、極力想發展和維護人民福利的人。梅里葉認為，未來社會的平等並不意味著社會地位的絕對相同，為了社會的福利，人們之間還得有「依附和從屬」的關係，但是這種依附和從屬將是適當的、公正的，領導人不是獨斷專行、橫暴地統治人民的統治者，而是能溫和地管理人民，能警惕地保護公有財產和維護社會安寧的人，他們的職責是增加公益而不是謀取私利。

總之，梅里葉粗線條地描繪了他所設想的建立共產主義公社的一般原則。從梅里葉對十八世紀初葉法國社會不平等現象的揭露和

---

[47] 同[36]，頁117。

[48] 同[47]。

[49] 同[36]，頁116。

[50] 同[49]。

他對推翻封建制度以後建立什麼樣的社會的幻想中，可以看到他的社會哲學具有明顯的時代特徵。十八世紀初葉，法國的資本主義雖然有了相當的發展，城鄉到處出現了資本主義的生產關係，資本原始積累的歷史進程愈來愈深入，但是法國當時畢竟還是一個落後的農業國家，農民還佔全國人口的百分之八十以上，分散、落後的小農經濟是法國農業的主要生產方式。工業方面，只有少數幾個城市和紡織、採煤等幾種行業裏有規模較大的資本主義企業，產業革命還遠沒有到來，就是這些規模較大的企業也是依靠手工勞動，其餘大部分部門仍然處於個體小手工業和手工作坊的生產條件下，全國幾十萬小手工工場仍然受到行會制度的束縛，僱傭工人不僅人數少，不集中，而且受到大小行東的支配，沒有擺脫封建羈絆，也沒有徹底割斷和小生產者的經濟聯繫。這種社會經濟條件和階級關係下產生的空想社會主義思想，自然不可避免地帶有深刻的小生產者思想印記。梅里葉思想中的唯心史觀，他的平均主義、禁慾主義傾向，他在幻想未來社會時所保留的某些封建宗法關係（例如群眾對領導人的「依附」和「從屬」關係），以及美化原始社會為「黃金時代」，企圖使歷史開倒車的思想，都是這種時代特徵的反映。

對於梅里葉空想思想中幻想歷史車輪倒轉和平均主義、禁慾主義錯誤傾向的分析認識，我們留待下章繼續探討，這裏首先談談唯心史觀帶給梅里葉社會哲學的兩個錯誤。首先，梅里葉對封建制度缺乏歷史的認識。梅里葉雖然對封建專制制度的罪惡和弊病作了充分揭露，但他完全沒有也不可能科學地說明這個制度產生和發展的規律及其滅亡的歷史必然性；他雖然看到了土地和財產私有是產生社會不平等和勞動群眾被壓迫、被剝削的根源，卻只是把私有制的產生和發展歸結為惡人貪婪、好人愚昧造成的，完全不懂得應該從

經濟的和歷史的發展規律中作出科學的說明，而只滿足於從道義上加以譴責。同時，梅里葉既然不瞭解封建專制制度產生和發展的規律，不能科學地揭示它的本質，自然就不能看到歷史正在呼喚的只是法國資本主義時代的到來，等待著貧苦農民和無產者群眾的歷史命運不是什麼翻身解放，而是由國王子民淪為僱傭奴隸，因而他關於打倒封建統治以後立即消滅私有財產制度、建立共產主義公社的要求只不過是超越歷史發展規律的幻想而已。

其次，梅里葉在論述自己的公社思想時，還存在一個邏輯上的漏洞。按照梅里葉的說法，「貪婪」破壞了原始共產主義的「黃金時代」，土地和財產私有化使人類墜入貧富懸殊的苦難深淵。但是在他所幻想的重建公有制的公社生活中，有什麼辦法和機制避免人類重蹈私有化的覆轍呢？貪婪既然可以破壞原始的公有社會，也同樣可以破壞新建的公有制度，這是不言而喻的，梅里葉卻對此不置一詞。他既不探討如何避免使他的共產公社的善良領導人變為橫暴的領導人，即不使社會公僕變為社會主人，也沒設想如何使公有財產不被個人侵佔並成為重新奴役他人的手段。其實這裏不僅是梅里葉論述中的邏輯瑕疵，它所反映的是梅里葉所代表的農民意識的落後性和目光短淺，同時也表現了法國早期無產者的思想代表只注重財產所有制問題而忽視民主、民權建設問題的通病。我們說梅里葉的空想思想與當時的社會主義思潮不謀而合，不僅表現在譴責私有制問題上，而同樣表現在忽視法制建設和民主建設問題上，這就不是哪一位空想家的個人思想慎密與否的問題，而是根源於他們所代表的社會階級和階層的特點了。民主和法制問題不被提上議程，梅里葉和他的同道者的未來社會藍圖將永遠是不可能實現的幻想。對這個問題的深入分析我們也留給下一章。

第五章　梅里葉在法國啟蒙運動中的影響

　　梅里葉在《遺書》中所全面闡述的哲學和政治思想，質樸、深刻而又機智生動的論證和愛憎分明、疾惡如仇的批判精神，對十八世紀法國各個領域的啟蒙思想家都有影響，特別是對打擊天主教反動勢力和啟迪廣大群眾從宗教迷誤中覺醒，更作出了不可磨滅的貢獻。

　　梅里葉思想的歷史影響集中表現在如下三個方面：

　　第一，《遺書》在啟蒙運動中發揮了巨大戰鬥作用。

　　啟蒙運動是十八世紀法國資產階級發動和領導的一次波瀾壯濶的思想解放運動。它的階級基礎是以法國資產階級為首的第三等級各個階級和階層，它的批判對象是封建專制制度及其精神支柱天主教反動勢力。啟蒙運動是法國大革命的前奏，在政治上、思想上、理論上為西方資產階級與封建勢力最大的一次搏鬥──法國資產階級大革命作了充分準備，並在西方近代史上產生了深遠影響。

　　啟蒙運動發軔於十八世紀二〇年代，經歷了一個發生、發展和達到高潮的過程，直到1789年法國大革命爆發，一場思想革命終於引發為政治革命，加上它的準備階段，前後近百年，涉及哲學、政治學、經濟學、文學藝術、科學教育各個思想領域，先後約有二百位啟蒙學者參加，是西歐近代最壯觀的一次文化革命。

啟蒙運動的準備階段早在十七世紀就開始了。繼笛卡爾之後，十七世紀的法國哲學家比埃爾·貝爾等人，以懷疑論為武器，針對天主教信仰體系發起攻擊，對後來許多啟蒙學者思想的形成，起了很大作用。另一位啟蒙運動的先驅者是科學家豐特涅爾 (Fontenelle, 1657–1757)。豐特涅爾致力於傳播先進的自然科學知識，寫了《關於宇宙的眾多性的談話》、《傳說的起源》、《神諭的歷史》等通俗著作，宣傳哥白尼和伽利略的思想、笛卡爾的物理學以及伽桑狄(Pierre Gassendi, 1592–1655) 的原子論，對宗教神學和被教會奉為顛撲不破的真理的許多陳腐說教發起進攻，用科學思想熏陶了新一代啟蒙學者。

進入十八世紀，啟蒙運動正式展開，發難者正是讓·梅里葉神父。讀者對梅里葉的生平著作、他的哲學和政治思想已有完整瞭解。梅里葉《遺書》的基本內容表明，批判教權主義和封建制度的根本任務，決定了啟蒙運動必然圍繞哲學和社會政治問題兩大思想領域展開，梅里葉作為它的開路先鋒，在論述自己的觀點時，從未偏離這一歷史課題，為啟蒙運動全過程創造了良好的開端。同時，《遺書》的內容還表明，梅里葉不僅反對封建制度，而且反對一切剝削壓迫和財產不平等，概括了第三等級裏下層群眾即破產農民和早期無產者的階級要求，從而生動地體現出啟蒙運動具有極為廣泛的群眾基礎。在簡略介紹啟蒙運動的基本面貌以後，我們再談梅里葉在運動中的影響和所發揮的戰鬥作用。

梅里葉晚年巴黎之行時，啟蒙運動的兩位元老伏爾泰和孟德斯鳩已經初露頭角。梅里葉辭世幾年以後，伏爾泰和孟德斯鳩便在巴黎掀起思想狂瀾。

伏爾泰從十八世紀二〇年代起投身於反封建的思想鬥爭，至法

國大革命爆發前十年逝世，在啟蒙運動中積極活動了六十餘年。高壽使他有幸隨著運動發展的進程幾乎從頭走到底，與天主教會和專制王朝進行了不屈不撓的鬥爭。他高舉科學、民主兩面旗幟，發揮多方面的才華，運用各種形式的思想武器，揭露敵人，教育群眾，成為深受人民愛戴的啟蒙泰斗。他的著作極為豐富，全部作品有近百卷之多。他的代表作是1734年出版的《哲學通信》。這本書反映了伏爾泰以自然神論形態表達的唯物主義哲學思想和反對教權主義、反對宗教狂熱、反對君主專制、倡導英國式代議制君主立憲的政治主張，是他全部啟蒙思想最集中、最明確的理論表現。無論從奮鬥時間之長和著作數量之巨，還是從鬥爭範圍之廣和思想影響之大來說，伏爾泰都是啟蒙運動無可爭辯的領袖。

　　孟德斯鳩出身貴族世家，還繼承了男爵稱號和波爾多法院院長的世襲職務。但他是封建階級的叛逆者。當大多數像他這樣的貴族都在極力維護專制王朝的反動統治的時候，孟德斯鳩卻感受到時代精神，投身於資產階級思想革命的洪流。他通過《波斯人信札》、《羅馬盛衰原因論》、《論法的精神》等著作，一方面無情地揭露、諷喻專制王朝的腐敗和僧俗貴族的罪惡，另一方面認真探尋歷史發展的規律性，試圖從理論上論證專制制度必然滅亡和社會革新勢在必行。

　　孟德斯鳩對啟蒙運動的最大貢獻，是他具體規劃了資產階級國家的政治模式和各項基本制度，特別是他發展洛克的分權思想，建立了三權分立的政治學說。洛克在其政治學著作《政府論》中提出，為實行民主和法制，國家機構必須分權，實行立法權、聯邦權（外交事務權）和行政權分立。孟德斯鳩發展洛克的主張，更明確地提出了立法權、司法權和行政權三權分立的原則。他認為立法權應由「人民集體享有」，司法獨立、君主享有行政權，但不能超越立法

和司法，否則就會形成專制統治。

孟德斯鳩的三權分立學說，雖然具有某些對君主和貴族妥協的內容，是在他所力主的君主立憲制政治主張的框架內設計的，但它解決國家權力機構內部相互關係的辦法周詳而較合理，在一定條件下普遍適用於資本主義制度，因而為以後美國、法國等許多資本主義國家的國家機構的建立提供了系統的政治理論和設計藍圖。

十八世紀中葉，代表第三等級內不同階級利益的啟蒙學者競相出現。其中最引人矚目的是小資產階級的思想代表、激進的民主主義者盧梭。

盧梭祖籍法國，出生於日內瓦一個鐘表匠家庭。由於家境貧寒，盧梭從少年時代起就過著饑寒交迫、浪跡天涯的生活。這種經歷，使他得以廣泛接觸社會，體察封建專制統治的黑暗和廣泛存在的社會不平等現象，培養了他反對剝削壓迫、爭取民主自由的革命情緒。盧梭1714年來到巴黎，1749年因應徵論文《論科學與藝術》獲獎而聲譽鵲起。在這篇論文中，盧梭提出文明進步造成人類墮落和社會苦難的新奇論點，在思想界引起長期爭論。以後十幾年，盧梭又連續發表《論人類不平等的起源和基礎》、《社會契約論》、《新愛洛綺絲》、《愛彌兒》等幾部大作，建立了一個代表十八世紀法國平民和小資產階級利益的思想體系，其核心是反對封建專制制度和社會不平等、倡導人民主權論的激進民主主義思想。

在啟蒙運動中，盧梭的思想引起巨大社會迴響。他的社會契約論和人民主權論成為第三等級中中下層群眾的理論旗幟，並在後來發生的法國大革命中一度成為居支配地位的革命思想，在〈人權宣言〉和雅各賓專政所謂「恐怖時期」的政策中得到鮮明反映。

啟蒙運動經過伏爾泰、孟德斯鳩和後來盧梭的發動、引導，聲

勢壯大、深入人心，給天主教會和專制王朝政權以沉重打擊，影響和教育了廣大進步青年，新一代啟蒙學者大量出現，十八世紀五〇年代以後逐漸走向高潮。

高潮到來的重要標誌，是著名的《百科全書》的編輯和出版。

《百科全書》全名《百科全書，或科學、藝術、技藝詳解辭典》，共三十五卷。其中，前二十八卷辭典正文（包括圖片十一卷），從1751年第一卷問世起，直到1772年才出齊。前七卷由狄德羅和達朗貝共同主編，第八卷到第二十八卷由狄德羅一人主編完成。後來，孔多塞(Condorcet, 1743–1794)等人又續編了補遺五卷和索引二卷，分別於1776–1777年和1780年出版，總計歷時三十年。

《百科全書》既是啟蒙運動的豐碩成果，又是促進運動深入發展的強大動力。圍繞著《百科全書》出版發行所展開的激烈鬥爭，是啟蒙運動全部進程的中心環節，而編撰《百科全書》則為形成和鞏固反對封建專制和教權主義統一戰線提供了極好的機會和恰當的形式。《百科全書》彙集了當時自然科學和社會科學的最新成果，也團結了思想領域一切反封建的戰士。它用科學成果對抗宗教迷誤；它用民主理想反對專制統治；它沉重打擊了封建勢力，也對人民進行了深入持久的教育。唯其如此，參加編撰《百科全書》的啟蒙學者，被人們尊稱為「百科全書派」。

三十年間，前後參加《百科全書》編輯部工作的有三十餘人，撰稿者多達一百六十人以上。這近二百人的隊伍，就是百科全書派的全部陣容。絕大部分啟蒙學者都彙集在《百科全書》的旗幟之下，團結奮鬥，組成了極為廣泛的反封建陣線。百科全書派的核心人物是以狄德羅、霍爾巴赫為首的幾位唯物主義哲學家，他們公開宣揚唯物論和無神論，為《百科全書》奠定了堅實的哲學基礎，在批判

宗教神學和教權主義的鬥爭中最堅決、最徹底，是啟蒙運動高潮時期的中堅力量。特別是《百科全書》主編狄德羅，為《百科全書》的編輯出版嘔心瀝血、艱苦奮鬥幾十年，在伏爾泰等老一輩啟蒙思想家和眾多年輕學者的支持下，克服各種困難，頂住教會、政府和反動文人幾次三番、各種形式的迫害，衝破一道道禁令，終於按計劃全部出齊，為法蘭西民族建立了一座精神文明的紀念碑。

在啟蒙運動的高潮中，湧現出一批從貴族營壘分化出來的上層開明人士，他們企圖以經濟改革的理論和實踐，來挽救危機深重的法國社會，謀求向資本主義社會的過渡和發展。他們力圖既不觸及封建專制政權，又能克服發展資本主義的重重障礙，確立本質上是資本主義的社會秩序。這就是以魁奈、杜爾閣為代表的資產階級政治經濟學重農學派。

魁奈出生在一個小地主家庭，受到啟蒙運動中科學思潮的熏陶，以後成為著名醫生。1749年被任命為宮廷侍醫。1752年被封為貴族。他身居凡爾賽宮，廣泛接觸政界人士和思想家，對法國政治經濟情況比較熟悉。1753年他年屆六十高齡時開始研究經濟問題，並為《百科全書》撰稿。1758年魁奈發表了著名的《經濟表》，剖析了資本主義生產方式，系統地表述了重農主義經濟體系和政策，成為建立重農學派的經濟綱領。魁奈認為，經濟規律是整個社會自然秩序的核心內容，經濟學是「作為社會制度的基礎的偉大科學」。他主張從經濟事實出發，同科學的抽象相結合來探尋社會生活中的經濟規律。他強調經濟研究的重心應從流通領域移向生產領域。他認為經濟學研究的最主要對象是農業生產。魁奈根據重農主義理論，向封建統治者提出了一系列經濟改革建議。例如，以資本家向地主租地的方式，發展資本主義大農業，改造封建的自然經濟；提倡自

由競爭和自由貿易；實行只向地主徵稅的「單一稅」制等。魁奈晚年領導重農學派積極活動，力圖實行社會經濟改革。

　　重農學派另一位傑出代表杜爾閣出身於一個資產階級化的貴族家庭，受到啟蒙思想和魁奈學說影響，成為重農主義者。1766年寫成代表作《關於財富的形成和分配的考察》，系統闡述並發展了重農主義學說。1774年出任財政大臣，大力推行重農主義改革：取消對國內穀物貿易的限制，建立國內穀物自由貿易，減少輸入城市的糧食稅，並把這種稅轉派到封建特權者身上；以賦稅代替徭役，取消農民的徭役義務，代之以向貴族地主徵收道路稅；實行酒類貿易自由，取消封建領主的專利權。杜爾閣的改革遭到封建特權階級的強烈反對。1776年他被免職，全部改革化為泡影。

　　啟蒙運動是一場反封建的資產階級運動。啟蒙運動的理論基礎、思想主導、矛頭所向、領袖人物和基本隊伍都說明了這一運動的階級屬性。但是它同時又彙集了第三等級中各個階級和階層的力量，而且運動伊始就顯示出，無財產的貧苦群眾的思想代表，使這場運動超出了資產階級的眼界，而具有十分激進的性質。這一特點不僅由於有梅里葉首先發難，有盧梭思想的廣泛影響，從而極大地影響了後來法國大革命的歷史進程，而且還由於運動高潮時期湧現了馬布利和摩萊里的空想社會主義理論，而使這場思想鬥爭的批判精神更為激烈。

　　馬布利是十八世紀法國著名的歷史學家和政治理論家，出身於一個司法界貴族家庭。在啟蒙運動中，這個家庭是非常有名的，出了好幾位啟蒙思想家：百科全書派哲學家孔狄亞克是馬布利的胞弟，《百科全書》主編之一達朗貝是馬布利的堂弟。馬布利的著作很多，《馬布利全集》有十五卷之巨。在大量著述中，馬布利不僅從政治

歷史的角度表達了他反對封建秩序的啟蒙思想，而且通過討論現實政治經濟問題反映了他的烏托邦社會主義思想。

摩萊里是啟蒙思想家中最神秘的一個人物，至今人們對他的情況所知甚少。他的著作或者匿名發表，或者只署一個大寫字母M和六個星花符號。經過摩萊里研究者多年考證，知道十八世紀四〇到七〇年代出版的八部著作屬於他的手筆。它們是《人類理智論》、《人心論》、《美的物理學》、《君主論》、《巴齊里阿達》、《自然法典》、《路易十四書信集》、《伊曼復仇》。這些著作內容涉及哲學、教育學、美學、歷史、政治、法律等許多領域，其中《巴齊里阿達》和《自然法典》最為著名。

馬布利和摩萊里繼承梅里葉的政治思想，把反對封建主義推進到完全否定私有財產制度，幻想一種實行財產公有、人們之間不僅在法律和政治上，而且在經濟上也實現徹底平等的社會制度。

在十八世紀的法國，歷史的任務是推翻封建統治，實現資本主義，馬布利和摩萊里的政治追求無疑是一種空想。但是他們像梅里葉一樣反映了法國當時無財產的貧苦群眾的心聲，表明隨著啟蒙運動高潮的到來，啟蒙思想已經深入社會下層，第三等級已經全部被發動起來了。

以上便是十八世紀法國啟蒙運動的基本面貌。瞭解了這個歷史背景，我們再來討論梅里葉。我們曾說梅里葉是十八世紀法國啟蒙運動的發難者，即第一位啟蒙思想家，這樣說的根據是什麼呢？從時間上說，梅里葉與伏爾泰和孟德斯鳩幾乎是站在同一起跑線上，或者前後相差無幾。雖然伏爾泰和孟德斯鳩在法國文壇成名要早幾年，但是最初他們只是以詩人、劇作者、小說家的面孔出現的，他們的主要理論著作問世均比《遺書》晚。伏爾泰的《哲學通信》是

1734年出版的，孟德斯鳩的《論法的精神》出版於1748年，《遺書》
手抄本自1730年開始流傳。這就是說，從代表作問世時間來看，梅
里葉其實更早一點。任何一個具有歷史意義的思潮的形成過程中，
特別是像法國啟蒙運動這種劃時代的歷史思潮，必定需要某種理論
唱主角，文學藝術只起配合作用；從著作內容來說，既然啟蒙運動
的主要任務，是反對天主教信仰主義和封建專制主義決定了哲學和
政治理論是思想鬥爭的主要領域，《遺書》就不僅是投向封建勢力
的第一顆重磅炸彈，而且為啟蒙運動開了一個好頭，指出了鬥爭的
正確方向，規劃了鬥爭的主要領域，後來的啟蒙學者無一不沿著《遺
書》開闢的道路前進就是明證；從思想廣度來說，梅里葉的論述涉
及哲學、對封建制度和宗教迷誤的批判，以及對未來社會原則的探
索三個方面，其他的啟蒙學者不論同意還是不同意他的觀點，他們
的議論超不出這個範圍，只有不足，並無逾越；最後，從思想深度
來說，梅里葉旗幟鮮明地表達了無神論的唯物主義哲學、用革命手
段反對封建制度和教權主義的政治思想，以及反對一切剝削壓迫的
空想社會主義思想，就「徹底性」而言，沒有哪一位啟蒙學者達到
他的思想深度。儘管梅里葉的思想素樸粗糙，包含不少理論錯誤和
屬於烏托邦的偏激幻想，以及其他缺陷，但這是任何一個開拓者所
難以避免的，人們不能以後來者的優勢否認開路先鋒的歷史地位。

　　當然研究梅里葉在啟蒙運動中的影響並非要為他爭「名次」，以
上議論僅僅源於本書作者對相當多的有關西方哲學史的著述漠視梅
里葉的價值而發。

　　梅里葉1729年逝世前夕，當他完成了他的巨著並膳抄三份之
後，曾設計了「三重保險」辦法不使它湮滅。他相信真理的力量，
相信他的觀點終有一天將會傳播並為人民接受。果然，梅里葉死後

第二年，《遺書》原稿的手抄本便開始秘密流傳，受到當時許多思想家的重視，人們不惜以高價輾轉搜求。時至今日，我們已經無法瞭解十八世紀到底有多少份《遺書》手抄本流傳和是誰不辭辛勞傳抄如此厚重的巨著，也許是尋求真理的青年，也許是專事抄售非法作品的秘密作坊。伏爾泰說據他所知四〇年代僅巴黎就有一百多部，以每部八個金幣的高價出售，1763年他寫信給朋友說：「我記起一個駝背人曾經偷偷地出售梅里葉的著作。他熟知自己的讀者，他只賣給那些愛好者。」❶今天我們從法國的圖書館和各檔案室仍然可以找到幾十部《遺書》手抄本，這個事實可幫助我們想像二百五十年前它以怎樣的規模秘密流傳。

《遺書》手抄本的出現適逢其時，隨著時間的推移，知名度越來越高，影響越來越大，可以說在啟蒙運動的全過程都發揮了戰鬥作用。具體來說，梅里葉及其《遺書》在啟蒙運動中的戰鬥作用可以從如下四個方面分述：

首先，《遺書》鮮明的唯物論和無神論哲學思想鼓舞和教育了剛剛開始鬥爭的大批學者。

伏爾泰1735年從他的朋友，巴黎出版商季里奧那裏得知梅里葉的事蹟，並且請季里奧為他尋購《遺書》的手抄本。伏爾泰非常推崇梅里葉，讚賞梅里葉臨終拋棄僧袍的勇氣，說梅里葉善良、質樸、正直、純真、誠懇，善於議論和論證，比九十九個男爵加在一起還要機智等等。伏爾泰是洛克的信徒，是洛克哲學在法國的傳播者和捍衛者。他對洛克推崇備至，認為洛克是柏拉圖之後最偉大的哲學家。他寫道：「洛克一個人足以成為我們時代對於希臘極盛時期的優

---

❶ 伏爾泰：《伏爾泰書信選》，見《遺書》附錄，載《遺書》第三卷，頁246。

越性的重要例證。從柏拉圖到洛克，哲學毫無進展。」❷但是在一封通信中，伏爾泰說梅里葉「是像洛克一樣的哲學家」， 可見他對梅里葉的評價是很高的。事實上，伏爾泰一再說《遺書》「使讀它的人深信不疑」，「是很罕見的一本書」，「了不起的著作」，「真正的寶貝」，「任何著作在任何時候都不會比神父的這本遺書起更大的作用」 ❸等等。他還坦誠地說：「這部書經常對我產生巨大的影響。」❹

受到梅里葉影響的不僅是伏爾泰。另一位著名唯物論和無神論哲學家拉美特利 (La Mettrie, 1709–1751) 在其名著《人是機器》一書中也談到寫出無神論著作的「香檳省神父」。 至於霍爾巴赫和他的沙龍裏的常客狄德羅等人，他們更是梅里葉唯物論和無神論哲學的直接繼承者和學生，他們不僅在觀點上與梅里葉一致，在對這些觀點的論證上也深受梅里葉啟發。就唯物論和無神論哲學思想而言，這些百科全書派的核心人物與梅里葉的真正區別，實際上只是他們吸收洛克唯物主義經驗論的哲學成果，應用當代自然科學的最新知識和更完善的邏輯體系，進一步論證和補充梅里葉早已提出的論題，從否認靈魂不死到強調運動是物質的固有屬性，無一例外。

其次，梅里葉《遺書》在啟蒙運動中所發揮的戰鬥作用，還表現在《遺書》摘要本的廣泛發行教育了廣大群眾。

教育廣大群眾從宗教迷誤中覺醒，識破宗教的虛偽性和欺騙性，從天主教會不斷鼓吹的宗教狂熱和宗教偏執中解脫出來，是啟蒙運動的首要任務。啟蒙思想家調動一切文化手段與宗教迷誤鬥爭，

---

❷　伏爾泰：《路易十四時代》，中文版，吳模信等譯，北京商務印書館1982年，頁497。

❸　同❶，頁236–247。

❹　同❶，頁245。

寫詩、演戲、發表論著等等，進步學者們的主要精力都用在與宗教迷誤鬥爭上。「運用一切文化手段」當然也包括利用和發揮梅里葉《遺書》的影響。但是一部巨著靠手抄本流傳，它的影響範圍畢竟是極為有限的。《遺書》最終能在運動中發生廣泛影響，真正做到了面對廣大群眾和教育廣大群眾，與伏爾泰關係甚大。

伏爾泰設法得到《遺書》手抄本以後，於1742年編輯了一個摘要本，主要是輯錄了《遺書》中梅里葉揭露教會黑暗和宗教欺騙性、虛偽性的有關論述。伏爾泰逐字逐句摘錄《遺書》，努力克服梅里葉寫作中的某些缺陷，使這個摘要本具有流暢的文體和精煉的內容，易於理解和便於傳閱。伏爾泰輯錄的《遺書》摘要本與《遺書》全文一樣以手抄本形式秘密流傳。1761年，伏爾泰毅然將《遺書》摘要本在日內瓦付印，並附上列羅撰寫的《讓・梅里葉生平簡述》(其中刪掉了梅里葉巴黎之行一段文字)。雖然《遺書》摘要本是匿名出版的，並未署上編者名字，但是經過啟蒙泰斗和文學巨匠親手編輯的《遺書》，儘管只摘錄了梅里葉批判天主教的論述，而且正文只有六十三頁，卻使梅里葉的著作似乎獲得了新的生命力，在啟蒙運動的高潮中發揮了極大戰鬥作用。《遺書》摘要本出版後大受歡迎，連續再版數次，在法國廣泛流傳。伏爾泰十分重視這本書的出版發行。從1762年到1764年的兩三年間，流亡在瑞士和法國邊境凡爾那的伏爾泰不斷寫信給在巴黎的友人，向他們寄送梅里葉的書，一再催促他們翻印和推銷，敦請他們不倦地宣傳這位反宗教迷誤和教權主義的前輩。在這些通信中，伏爾泰熱情地說：梅里葉的這本書應當「人手一冊」；「必須讓它成為人人皆知的書」；「我認為哪一本書所產生的影響也不會比梅里葉的書大」❺。他還不惜錢財四處

---

❺ 同❶，頁236–247。

寄發這本書，認為「這本書是可以用來教導年輕人的」❻；他高興地告訴愛爾維修(Helvetius, 1715–1771)和其他朋友：「這些篇幅不多的小冊子很快地一本又一本地出版了。它們不出售，而是交給可靠的人，由他們再分發給青年人和婦女們。」「在一個省區裏分發了三百冊梅里葉的書，這些書會教出許多新的信徒來。」❼

　　伏爾泰編選的《遺書》摘要本出版十年以後，霍爾巴赫出版了《遺書》的另一個摘要本，題為《神父梅里葉的健全思想》，1772年在阿姆斯特丹和倫敦兩地同時出版。霍爾巴赫的摘要本與伏爾泰的摘要本在編寫方法、內容取捨方面有所不同。《遺書》第二個摘要本內容上更為充實豐富，除梅里葉關於社會平等和消滅私有制問題的觀點沒有收錄外，梅里葉的全部哲學思想、他對宗教和專制暴政的攻擊，都經過霍爾巴赫的改寫而概括闡明。霍爾巴赫的摘要本其實是改寫本。該書內容在觀點和材料上雖然並未背離梅里葉的原意，但全書既未引一句《遺書》原話，也一次都沒有提到梅里葉的名字。梅里葉的名字只孤零零地印在書的封面上。這也許表明到了七〇年代，梅里葉的事跡早已廣為人知。霍爾巴赫的摘要本同樣極受歡迎，在啟蒙運動的高潮中成為打擊封建勢力的尖銳武器和教育廣大群眾的生動教材。《遺書》的這一摘要本也再版了許多次，直到二十世紀，從1900年到1929年還重印了五次，足見梅里葉思想的歷史價值和霍爾巴赫摘要本所取得的成功。

　　再其次，從封建勢力對梅里葉及其《遺書》各種形式的迫害，可以從反面證實梅里葉在啟蒙運動中所發揮的戰鬥作用。

　　自《遺書》手抄本開始流傳，天主教會和專制政府就認識到出

---

❻　同❺。

❼　同❺。

現了最危險的敵人。儘管十八世紀上半葉法國社會已是風雨如晦，但是膽敢像梅里葉那樣直截了當攻擊天主教信仰體系和封建專制制度的人還沒有出現。在王國政府和教會眼中，梅里葉是天字第一號造反者，必須全力封堵，剿滅他的一切影響。不但《遺書》手抄本被列為禁書，伏爾泰和霍爾巴赫的摘要本也先後被判焚毀，持有和出售者被判刑。梅里葉的現代研究者在巴黎巴士底獄檔案館找到一份1741年警察當局審訊一個非法出售禁書的書商的舊檔案，其中判決書說：「……該人經常與此類作品的作者有來往，在此之前尚出售過埃特列平的那個神父的作品……。」❽ 其實因出售《遺書》等禁書而被投入監獄的何止一個書商，1757年王國政府頒佈法令，嚴禁撰寫、印刷和發行「旨在反對宗教、反對國王政權和社會安寧」的文章，違者已經不止囚禁，而是處以死刑。1767年國王又頒佈詔書，重申「禁止一切涉及宗教的議論」。被禁之書當然不僅僅是《遺書》，但在十八世紀，又有哪一部著作對天主教和專制政府的批判火力超過《遺書》呢？

　　封建勢力力圖封殺梅里葉及其《遺書》， 不僅用禁毀一法。當禁而不止，梅里葉這個名字越來越響亮，《遺書》及其摘要本越傳越廣，因而對封建勢力，特別是對天主教會的威脅越來越大時，他們使用了更惡毒的手段：以假亂真。如前所述，早在梅里葉逝世不久，教會就挖空心思炮製假的梅里葉傳記，極盡歪曲誣衊之能事。後來更偽造梅里葉著作，試圖用假遺書取代真《遺書》。 這件事發生在梅里葉逝世百年之後。十九世紀中葉，當法國天主教會躲過啟蒙運動和大革命年代自然神論和無神論的革命炮火，在特定的歷史條件下死灰復燃以後，仍視梅里葉為心頭大患，於是以梅里葉的家

---

❽　參見波爾什涅夫：《梅葉傳》，頁6。

鄉香檳省舊首府特魯瓦的大主教為後臺，先後炮製了兩本假《遺書》欺騙群眾。教會先是拋出一本名為《讓・梅里葉的遺書或埃特列平村的神父致他的教民的意見書》的通俗宣傳品，其目次有〈論上帝〉、〈靈魂不滅〉、〈人的墮落〉、〈論聖父、聖子、聖靈三位一體的秘密〉、〈基督現身的秘密〉、〈贖罪的秘密〉等三十三章，梅里葉被打扮成一個虔誠的神父，他留給他的鄉村教區教民的遺言，完全是一派真正信仰基督耶穌的敬神宏論。接著在 1847 年以宗教組織「聖維克托團」的名義又出版了一本題為《梅里葉神父及其「遺書」的健全的真意》的偽書，書中還附有偽造的梅里葉傳記。假傳記把梅里葉說成是一個一生中一直虔敬上帝的好神父，只是在62歲和63歲的兩年裏，神志不大清醒，出現了幻覺，似乎法蘭西學士院裏有一個席位在等待他，於是說了大量褻瀆神靈的話。不過他很快就懺悔了，與自己的狂妄行為決裂，並請求上帝寬恕。香檳省特魯瓦市主教還特意為該書寫了一個批示：「茲核准聖維克托團所呈題名為《梅里葉神父及其「遺書」的健全的真意》一書，應予讚許。該書業經審畢，符合呈報給我們之結論。我們認為該書能卓有成效地給那個被霍爾巴赫男爵、伏爾泰以及其他一些哲學家無辜濫用了的名字恢復名譽。1847年7月30日於特魯瓦。」❾

　　最後，從有人並無惡意，僅僅是利用梅里葉的名字在啟蒙運動和爾後的大革命時期宣傳無神論思想，也可以看出梅里葉的巨大影響和戰鬥力。例如，1790年出版了一本名為《神父梅里葉的教義問答》的著作。該書既不是《遺書》的摘要本，也不是改寫本。它的作者是寫過梅里葉傳記和《無神論者辭典》的馬雷沙爾。作者不過是假托梅里葉宣傳自己的思想。

---

❾　轉引自波爾什涅夫：《梅葉傳》，頁15。

　　總之，梅里葉在啟蒙運動中的廣泛影響，首推他對封建制度的
批判，特別是對封建統治的精神支柱天主教信仰主義的批判所發揮
的戰鬥作用。從三〇年代到九〇年代，《遺書》所顯示的啟蒙價值
是無與倫比的。唯其如此，當梅里葉所呼喚的人民革命終於爆發、
專制王朝反動統治被推翻以後，1793年法蘭西共和國國民議會才作
出為梅里葉建立雕像的決議。這無上的榮譽，或許只有1791年5月
國民議會關於把伏爾泰的遺骨遷葬先賢祠並補行國葬的決議可以與
之媲美。國民議會於「共和國2年2月27日」（1793年11月17日）發
表由議長和五位秘書簽字的正式公告說：

> 國民議會把本會一位議員關於為香檳省埃特列平神父、即第
> 一個有勇氣率直地抨擊宗教迷誤的神父讓‧梅里葉建立雕像
> 的提案通知社會教育委員會執行。❿

決議中所謂「本會一位議員」，指的是大革命時期激進派哲學家、
無神論者阿‧克魯斯特(A. Crust, 1755–1794)。克魯斯特自稱「上
帝私敵」，他於上述國民議會公告發表的同一天在國民議會的演說
中說：

> 反對宗教的人們對人類立下了莫大的功勳，這是大家公認的。
> 正是根據這個理由，我要求議會為第一個背棄宗教的這位神
> 父在理性之殿堂中建立雕像。國民議會有充分理由為他發出
> 下列文告：這兒是大無畏的、心地光明正大的、堪資典範的
> 香檳省埃特列平神父讓‧梅里葉，他的哲學著作《遺書》引

---

❿　見《遺書》附錄，載《遺書》第三卷，頁248。

起巴黎大學和一切崇拜基督的人極端慌亂。紀念這位在舊制
度下受誹謗和侮辱的高尚人物，就應當在新的合乎自然的制
度下為他恢復名譽。**⓫**

　　第二，梅里葉唯物主義的哲學觀點和無神論思想，對十八世紀
法國哲學的發展起了巨大促進作用，特別是直接影響了百科全書派
唯物主義哲學家。

　　在西方哲學史上，十八世紀法國哲學是個特定的範疇。它指的
是在十七世紀大陸唯理論和英國經驗論基礎上發展起來的一個近代
唯物主義哲學流派。正如梅里葉是法國啟蒙運動的發難者因而成為
第一位有影響力的啟蒙學者一樣，他的哲學思想也是十八世紀法國
唯物主義哲學體系的重要組成部分，對這個體系的形成起了重要作
用。

　　十八世紀法國唯物主義哲學是一個完備的哲學體系。與哲學史
上的眾多哲學體系比較，十八世紀法國唯物論在內容上具有社會性、
革命性和把西方哲學史上的唯物主義推向高峰的特點。在形式上與
其他哲學體系不同的是，這個體系不是由一兩位哲學家建立起來的，
而是由前後好幾代哲學家共同完成的。十八世紀法國唯物論自發軔
到完成經歷了將近一個世紀，參與創立的著名哲學家就有十多位。
他們的哲學思想各有其鮮明特點。有的側重於闡釋英國的經驗論，
有的發揮笛卡爾物理學唯物主義，有的對十八世紀法國唯物主義的
自然觀作了全面論證，有人系統分析了基於十八世紀自然科學水平
的認識論原則，好幾位對政治哲學、歷史哲學作出突出貢獻，有人
則在美學、倫理學、教育學研究中取得劃時代成就等等。孤立地看

⓫ 同**⓾**，頁247–248。

他們之中任何一人的哲學思想都顯得有些單薄不成體系，把他們的哲學研究專著綜合起來，人們就會看到一部人類認識史上空前博大豐富的哲學全書。

十八世紀法國唯物論是啟蒙哲學，是法國啟蒙運動的理論基礎，因此它的產生、發展和演化與啟蒙運動同步。在啟蒙運動發展的不同時期，法國唯物論表現為不同的形態。運動前半期，它的主要表現形式是自然神論，以伏爾泰為著名代表；運動後半期，公開的唯物論和無神論是它的主要表現形式，以拉美特利、愛爾維修、狄德羅、霍爾巴赫為代表。無論是主張自然神論還是採取公開的唯物論和無神論立場，啟蒙運動中的主要思想家都受到自成一家的梅里葉的深刻影響，梅里葉在十八世紀二〇年代就明確表達的唯物論和無神論觀點，給後來的學者很大啟示。

伏爾泰是自然神論者，他並不完全贊成梅里葉的哲學觀點。但是伏爾泰自然神論的「神」是一個與宗教神學完全不同的哲學概念。就純哲學的角度說，伏爾泰的自然神論明白無誤地堅持了唯物主義原則。在他那裏，「神」只是一個假設。他之所以假設一個「超然物外」的神的存在，是由於他的機械論的物質觀性質所致。割裂物質與運動的統一性，無法理解物質何以運動，只能求助於超自然的力量。承認神的存在是他形而上學物質論的無可奈何的選擇。實際上伏爾泰反對一切具體形式的宗教，他是天主教會的死敵。反對宗教迷誤、反對教權主義是他全部啟蒙活動的中心內容。正是這種鬥爭目標的高度一致性，使伏爾泰和梅里葉緊密結合在一起。伏爾泰高度評價梅里葉對天主教的揭露和批判，把梅里葉看作像洛克一樣的大哲學家，甚至喻為一盞「明燈」 ❷，公開承認自己深受梅里葉

---

❷ 同❶，頁241。

影響。這種影響的確在伏爾泰的著作中隨處可見。這不僅反映在他編輯出版《遺書》摘要本上，而且反映在1747年伏爾泰創作的哲理小說《查第格》裏，這部小說就講到批判天主教的埃特列平的神父。1762年出版的《五十個說教》這部標誌伏爾泰反對天主教會勢力的鬥爭提高到一個新水平的著作，更可以明顯看到梅里葉的影響。《五十個說教》是一部辛辣諷刺基督教神學的作品，寫於三、四〇年代伏爾泰隱居西雷城堡時期，正式出版以前一直以手抄本流傳。這部作品的內容是：五十個有教養有理性的人，每逢星期日聚餐，飯後發表宗教演說。這些演講暴露了《聖經》中神的殘酷無情，以及《聖經》文字上的矛盾。伏爾泰寫道，《聖經》是一部最不可靠、充滿矛盾的書，書中有些奇蹟的記述是東方的民間傳說，諸如把肉和血變成麵包和酒等等，全是一派胡言。伏爾泰透過書中人物的演講，否認耶穌的神性，指責教士們蓄意欺騙，說真正的基督不可能由處女所生，也不會被殺死在絞架上，更不會吃一片麵包，不會創作這些充滿矛盾、瘋狂和恐怖的書。將《五十個說教》與《遺書》中梅里葉分析和批判《聖經》的議論比較，兩者的相似性一目了然，伏爾泰從《遺書》中吸取素材不言自明。

　　前文已經談到的伏爾泰編選《遺書》摘要本的史實，更是伏爾泰受到梅里葉影響的最直接的例證。誠然《遺書》摘要本是伏爾泰逐字逐句選摘《遺書》批判宗教的內容編輯成冊的，是梅里葉的言論集成，但也可以把它看作是伏爾泰的作品，是伏爾泰的再創作。這不僅由於把幾十萬字的內容壓縮成幾萬字並非易事，不僅由於伏爾泰選編的內容必然都是他贊同的內容，而且他還「改造」了梅里葉，把梅里葉塑造成一個自然神論者。二十世紀的某些思想偏狹的梅里葉研究者為此譴責伏爾泰，認為伏爾泰的「保守性」和「妥協

性」促使他歪曲梅里葉的無神論，是企圖用劑量小的藥液代替梅里葉潑向封建統治者的劇毒品。其實真正被歪曲的不是梅里葉，而是伏爾泰。這些偏狹的研究者完全不顧正是伏爾泰以啟蒙泰斗的權威弘揚梅里葉事跡和選編、出版、散發梅里葉的著作，才使梅里葉及其遺作由只被少數人所知變為家喻戶曉，並發揮其啟迪民智的戰鬥作用的歷史事實；完全不講不能脫離歷史條件抽象評論歷史人物這種研究歷史的科學態度；完全不懂自然神論與無神論都是唯物論，二者並無本質區別這個哲學史現象。如果如實地認識十八世紀法國的歷史面貌和公正地評論伏爾泰為什麼主張自然神論和為什麼把梅里葉也打扮成自然神論者，就可以看到對伏爾泰的指責並無道理。

伏爾泰像洛克、牛頓等人一樣，由於不理解「物質自動」的辯證法原理而不得不設想使物質世界運轉的「第一推動力」，認識上的原因使他主張自然神論。除此之外，十八世紀上葉法國社會的歷史環境，也是伏爾泰在自己的著作中保留了「神」和把梅里葉也打扮成自然神論者的原因。當十八世紀三、四〇年代伏爾泰大力開展啟蒙宣傳活動的時候，法國的封建政權，特別是天主教勢力還非常強大，宗教迫害仍然肆行無忌，沒有條件宣傳無神論（否則梅里葉就不必等到死後再公開自己的真實思想，也不必挖空心思設計「三重保險」來避免《遺書》被毀滅了。梅里葉顯然比他的愛說大話的現代研究者更懂得火刑的厲害），而打起一個有「神」的幌子，用自然神論的形式與宗教唯心論鬥爭，在某種程度上可以逃避教會迫害，當迫害降臨時，也便於利用敵人之間（例如教皇與國王、國王與國王、各教派之間）的矛盾進行抗爭。同時，啟蒙運動初期，長期被天主教會欺騙、毒害的廣大群眾還有強烈的宗教情緒，社會上宗教氣氛仍十分濃厚，人們的生活方式、思想方法、風俗習慣乃至

社會用語與宗教生活水乳交融，一般群眾所能理解的唯一語言是宗
教語言，伏爾泰為達到啟迪民智的目的，在「神」的掩護下向群眾
宣傳啟蒙哲學，容易被群眾接受，可以更順利地幫助他們逐漸擺脫
宗教世界觀的影響。也就是說，根據法國社會的現實情況，伏爾泰
口中念念有「神」，還有其便於進行啟蒙宣傳的策略意義。逃避教
會迫害和便於教育群眾這兩個源於社會歷史環境的因素，也促使伏
爾泰保留了神和把梅里葉也打扮成自然神論者。這個事實只是表明，
作為《遺書》的原作者和摘要本的再創作者，梅里葉和伏爾泰相得
益彰，共同為推進啟蒙運動作出貢獻。

　　盧梭也是自然神論者，他也非常尊敬梅里葉。他在名著《愛彌
兒》中塑造了一個副主教薩瓦的形象。在該書第三卷裏，這位副主
教以巨大的智慧和雄辯痛斥天主教，儼然是梅里葉的化身。伏爾泰
在讀過盧梭的《愛彌兒》之後曾評論說：「這位副主教無疑就是讓・
梅里葉神父。」❸

　　至於以狄德羅為首的百科全書派主張無神論的哲學家們，受梅
里葉啟迪，繼承和發展梅里葉哲學思想的精華，更是十分鮮明，十
分具體。他們大都在世界的物質性、物質與運動、物質與意識、物
質自動等哲學原理上與梅里葉有基本相同的觀點，只不過他們所描
述的機械唯物論的自然圖畫比梅里葉更精確、更深入、更詳細而已。
這些唯物論哲學家對梅里葉推崇備至，特別強調梅里葉最早宣傳無
神論、堅決批判宗教神學的鬥爭精神，並以梅里葉為表率，繼續向
封建專制制度的精神支柱勇猛衝擊。就以百科全書派唯物主義哲學
的集大成者霍爾巴赫來說，他不但編寫出版了梅里葉的《遺書》的
摘要本，而且在自己的《自然的體系》等著作中重述、發揮和進一

---

❸ 同❶，頁244。

步論證了許多梅里葉早已提出的觀點。其中一個突出的例子是關於
物質與運動關係問題的意見。霍爾巴赫也像梅里葉一樣，認為「物
質永遠在運動」，物質和運動不可分離，「在自然的觀念中必然包含
著運動的觀念」。 那麼，物質從哪裏獲得運動屬性的呢？霍爾巴赫
也像梅里葉一樣回答：物質從自身獲得運動的能力。他用梅里葉所
缺乏的大量物理、化學的實驗材料論證「物質自動」的觀點，使梅
里葉在十八世紀的法國最先提出的這一徹底唯物主義的光輝思想，
得到近代自然科學新成就的支持，由一種天才猜測變為自然科學能
夠證明的真理。在無神論和宗教問題上也是一樣，霍爾巴赫完全贊
同梅里葉的意見。他也認為宗教神學和專制暴政是一丘之貉，二者
在壓迫人民群眾方面行動一致。霍爾巴赫也激烈攻擊了宗教宣揚的
信仰主義，他在論證宗教對人類的危害時所提出的理由與梅里葉完
全相同。

　　第三，梅里葉關於消滅私有制、爭取社會普遍解放的政治思想，
深刻影響了十八世紀法國空想社會主義思想的發展。

　　社會主義（或共產主義）這個名詞在二十世紀既引人矚目又頗
多爭議。不論你贊成還是反對它所倡導的原則，也不論今日世界有
多少社會主義流派和社會主義者之間有什麼分歧，社會主義作為一
種思潮和學說已經存在將近五百年，這是不爭的事實。這裏我們僅
從思想史的角度向讀者簡略介紹它的產生和幾經演化的歷史，以便
把梅里葉安置其中，找到屬於他的座位。

　　按照馬克思和恩格斯 (F. Engels, 1820–1895) 的說法，他們提
出和論證的社會主義稱為科學社會主義，他們之前的社會主義是批
判的空想的社會主義。空想社會主義就是西方早期社會主義。為研
究梅里葉的歷史影響，我們只需涉及空想社會主義。

空想社會主義是伴隨資本主義生產關係的出現而產生的思想體系。

在西歐，尤其是在英國和意大利，十四、十五世紀開始了資本原始積累的歷史過程，同時出現了按照資本主義方式經營的手工業工廠。到了十六、十七世紀，資本主義生產方式更迅猛地發展起來。隨著資本主義生產關係的發展，產生了兩大階級：資產階級和無產階級。這兩個階級是同時產生的，並且互相依存。在反對封建制度的長期鬥爭中，資產階級是一個新興的不斷成長的階級，是當時各個勞動階級和階層的領導者。資產階級曾經率領各個遭受封建勢力壓榨和奴役的階級向封建堡壘衝擊，確曾起過非常革命的作用。但是資產階級革命的目的是建立資本主義制度，是用資本主義的剝削代替封建主義的奴役，資產階級的階級利益與僱傭工人和其他勞動群眾所追求的目標並不相同。所以，在反封建革命陣營內部，也存在不同階級和階層之間由於不同利益和不同追求所產生的矛盾和鬥爭。那是一個社會普遍激動的時代。廣大貧苦農民、僱傭工人和其他勞動者階層，不滿意資產階級只顧謀取本階級利益的行為，也要求取得自己的階級利益。特別是社會地位最低下、生活最痛苦的城鄉無產者群眾，更要求消滅剝削，消滅壓迫，消滅人們之間財產的不平等即消滅私有財產制度。因此，在每一次大的資產階級運動中，都爆發過城鄉無產者群眾試圖直接實現本階級願望的鬥爭。在德國，有宗教改革和農民戰爭時期的再洗禮派和托馬斯・閔采爾（Thomas Münzer，約1490–1525）；在英國，有十七世紀資產階級革命時期的「真正平等派」即「掘地派」運動；在法國，有十八世紀末大革命時期的巴貝夫密謀等等。但是，這些現代產業無產階級的先驅者，還沒有從一般無財產的窮人中分化出來，還缺少獨立的階級特徵。

即便是到了十九世紀初，當時的無產者隊伍雖然有了很大發展，卻仍然十分幼稚，事實上還只是一個自在的、沒有階級覺悟和沒有組織起來的受壓迫的階層。作為一個階級，它還在逐漸形成的過程中，還沒有組成一支獨立的政治力量走上歷史舞臺。同時，由於資本主義還處於蓬勃發展的階段，資本主義的矛盾和弊端尚未充分暴露，客觀上遠不具備無產階級解放的物質條件。所以，現代無產階級的前輩們直接實現自己的階級利益的最初嘗試，都不可避免地遭到失敗。然而，伴隨這些早期無產者的群眾運動，便產生了相應的理論表現，即空想社會主義學說。空想社會主義反映出早期無產者群眾對資本主義剝削方式的抗議和對理想社會的憧憬。

從十六世紀到十九世紀初，西方早期社會主義即空想社會主義三個世紀的發展史，大體上可以劃分為三個階段：

一、資本原始積累時期的空想社會主義。

在歐洲，英國資本主義的因素發展較早，以「圈地運動」為標誌，英國成為資本原始積累的典型國度。意大利由於地中海沿岸城市對外貿易的繁榮，出現大批按資本主義方式經營的手工業工場而成為最早的資本主義民族。所以反映早期無產者群眾階級要求的空想社會主義思想最早也是在英國和意大利出現的。1516年，英國著名人文主義者托馬斯・莫爾(Thomas More, 1478–1535)在比利時的盧文出版了一部讚賞實行財產公有制度、人人平等幸福的幻想小說《烏托邦》，書的全名是《關於最完美的國家制度和烏托邦新島的既有益又有趣的金書》。《烏托邦》出版以後遍傳遐邇，被譯成歐洲各國文字，產生很大影響。《烏托邦》是空想社會主義的開山之作。百年之後，意大利哲學家康帕內拉出版了《太陽城》一書，同《烏托邦》一樣以講海外探險奇遇故事的方式批判現實社會不平等和幻

想財產公有制度下的美好生活。《太陽城》寫於1602年，起初以手抄本流傳，1623年在法蘭克福首次出版，以後被譯成多種文字。由於拉丁文是當時歐洲通用學術語言，《烏托邦》和《太陽城》最早都是用拉丁文出版的。

　　與英國和意大利相比，德國當時是比較落後的。德國不僅經濟發展上落後於英國和意大利，政治上也四分五裂，德國只在名義上是統一國家。儘管如此，德國的資本主義生產關係也有相當程度的發展，十六世紀農民戰爭爆發前夕，德國僅礦工和冶金工人就已超過十萬人。1517年馬丁・路德發動宗教改革，並引發聲勢浩大的德國農民戰爭。路德的宗教改革本質上是披著宗教外衣的資產階級革命，是歐洲歷史上資產階級與封建勢力的第一次決戰。在宗教改革和農民戰爭的烽火中，出現了一位反映德國僱傭工人即早期無產者群眾要求的起義領袖托馬斯・閔采爾，他譴責社會不平等，要求通過鬥爭實現基督教允諾的「千年土國」，達到人人平等、共同勞動、廢除官僚機構等社會理想，並為他的理想獻身。他是德國最早的空想社會主義者。德國人偏好理論，所以閔采爾的空想思想不是通過寫遊記小說，而是直接以論文和演說形式表達的。

　　十七世紀法國的社會狀況上文已多有論述，總的形勢是在路易十四統治下法國封建專制政權空前強大，但資本主義生產方式已在封建軀體裏日益成長，反映社會矛盾的作品大量湧現。其中德尼・維拉斯的《塞瓦蘭人的歷史》體現空想社會主義精神最突出，是法國資本原始積累時期空想小說的代表作。《塞瓦蘭人的歷史》與《烏托邦》和《太陽城》一樣，也是以遊記形式幻想了一個實行共產主義的世外桃源。可惜閉塞的梅里葉沒有看過這部著作。

　　總之，西歐幾個主要國家相繼進入資本原始積累歷史時期以

後，都產生了空想社會主義的作品，儘管主要採用了寫幻想故事的文學形式，但作為一種與當時大多數反封建的學者論證資本主義合理性的著作不同，空想社會主義的創始者們揭露資本主義和封建制度一樣不合理，企圖在推翻封建統治以後，超越資本主義，以他們幻想的烏托邦為人類帶來福音。當然，此時空想社會主義還處於萌發階段，空想社會主義學說不過是粗線條地勾劃出自己的思想領域，用內容全新的幻想引起人們的興趣，還完全缺乏現實主義精神，並且其中還夾雜著若干落後意識。

二、資產階級革命時期的空想社會主義。

作為早期無產者群眾包括僱傭工人和被迫接受僱傭勞動的破產農民的世界觀，空想社會主義學說隨著資本主義的發展而發展。當十七、十八世紀英法兩國發生資產階級革命的時候，空想社會主義在表現形式上也發生重大變化，出現了從理論上論證社會主義原則的著作。

1640年英國爆發資產階級革命，經過兩次內戰，推翻了封建統治，處死了國王查理一世，1649年5月19日英國宣佈為共和國，革命取得了勝利。但這只是資產階級和新貴族的勝利。廣大農民和無產者群眾，承受了內戰的沉重負擔，到頭來一無所獲，農民的土地要求沒有得到滿足，工人因戰爭對經濟的破壞而失業，勞動群眾的生活更加痛苦。他們感到失望，對獨佔了革命勝利果實的資產階級和新貴族非常不滿。他們試圖將革命深入進行，為實現自己的權利而鬥爭，解決迫切的土地問題，一舉消滅社會不平等，徹底擺脫不幸和苦難。於是，著名的「掘地運動」爆發了。1649年4月，一些失去土地的農民和城市無產，聚集在倫敦附近塞利郡的聖喬治山上，集體開荒耕種，過著一種共同勞動、共同衣食的集體生活，自

稱「真正平等派」和「掘地者」。 掘地派代表了因圈地運動而失去
土地的貧苦農民和尚未與農業完全割斷聯繫的僱傭工人的利益，他
們提出的要求反映了城鄉無產者群眾消滅私有制和壓迫、剝削的樸
素願望。塞利郡的掘地運動引起其他郡效仿，最後被資產階級政府
鎮壓。掘地運動產生了莫爾之後英國另一位空想社會主義者溫斯坦
萊 (Winstanley, 1609–1652)。作為掘地派領袖和發言人，溫斯坦萊
發表了為掘地運動辯護的文章，並宣傳自己的空想思想。他的主要
著作是《真正平等派舉起的旗幟》(1649)、《英國被壓迫的窮人宣
言》(1649)，以及《自由法》(1652)。

　　十八世紀法國大革命是西方各國資產階級革命中準備時間最
長、聲勢最大、鬥爭最激烈、革命最徹底和對歐洲乃至全世界影響
最大的一次革命。唯其如此，空想社會主義在法國的發展也最充分，
它所結出的思想果實和所表露的理論錯誤也最典型。首先是繼溫斯
坦萊之後，空想社會主義思潮理論化趨勢日益加強。啟蒙運動和大
革命過程中出現的四個重要空想思想家中，只有摩萊里創作的《巴
齊里阿達》仍然講述了一個實行共產生活方式的幻想故事，其他人
都試圖利用流行的自然法理論論證社會主義原則的合理性和必然
性。梅里葉的《遺書》、摩萊里的《自然法典》、馬布利的論戰著作、
巴貝夫的論文和演說，都突破了空想社會主義自《烏托邦》以來的
文學形式，開始從理論上探討和論證消滅生產資料私有制等重大社
會主義原則。理論的表述方式，使空想社會主義學說具有更清晰的
輪廓、更大的力量和產生更深遠的影響。其次，十八世紀法國空想
社會主義把《烏托邦》、《太陽城》等著作中已初露端倪的某些思想
發展到極端，形成一套完整的平均主義和禁慾主義的主張，倡導一
種苦修苦煉的、禁絕一切生活享受的、斯巴達式的社會生活。這是

包括梅里葉在內的這些空想社會主義者理論錯誤的要害，下文再作具體分析。最後，十八世紀的法國空想家在把空想社會主義從講故事變為進行理論論證的同時，也開始尋找在現實社會實現他們的理想的道路。曾經在閔采爾和溫斯坦萊那裏表達的把理想付諸實行的初步要求，此時由梅里葉、馬布利和巴貝夫加以發揮。如果說梅里葉號召革命建立公社的思想還過於籠統空泛的話，馬布利和巴貝夫則已開始設計實施步驟。馬布利一方面幻想通過立法措施和平地對現存社會進行逐步改革，經過一個過渡階段，最後實現他的理想社會；另一方面又提出人民有權通過革命手段推翻暴君統治的主張。巴貝夫則更進一步，發展暴力革命思想，把進行革命和建立他的理想社會結合起來，初步設計了舉行武裝起義以後要立即實行的一系列革命措施。

三、資本主義制度建立以後的空想社會主義。

十九世紀初葉，空想社會主義學說進入第三個發展時期。這一時期的主要代表人物是法國的聖西門(Saint-Simon, 1706–1825)、傅立葉 (Charles Fourier, 1772–1837) 和英國的歐文 (Robert Owen, 1771–1858)。他們繼承了空想社會主義前輩對資本主義的批判精神和對未來社會原理的探索成果，豐富和發展了空想社會主義思想，把這個學說推進到最高階段。與十六、十七和十八世紀的空想社會主義思想比較起來，十九世紀初的空想社會主義是在西歐主要國家確立了資本主義制度、興起了產業革命、資本主義進入現代機器大生產條件下產生的。全新的社會條件和歷史條件，使空想家們能夠更準確地揭露資本主義的弊病，更明確地批判資本主義的所有制關係和資本主義的全部基礎，而不再像他們的前輩那樣或多或少總是把資本主義與封建主義混同起來，籠統地批判社會不平等現象。同

時，聖西門、傅立葉、歐文等人空想理論的最大特點，是克服了十八世紀以及更早的空想社會主義者普遍要求歷史開倒車的傾向，糾正了他們的前輩美化人類原始社會，幻想回到原始共產主義所謂人類「黃金時代」的錯誤觀點，拋棄了粗鄙的禁慾主義和平均主義，完全用時代精神改造了以往的空想學說。

十九世紀初的空想社會主義也有自己的致命缺陷，不過那樣的論題已經超出本書議論的範圍。為研究梅里葉而簡略地向讀者介紹空想社會主義這個西方近代流行一時的思潮到此結束。現在我們回過頭來繼續討論梅里葉。

梅里葉及其《遺書》在十八世紀法國啟蒙運動中產生影響的第三個方面，即對十八世紀法國空想社會主義思潮的影響主要表現在三個問題上。

首先是關於鼓吹舉行起義和運用革命暴力推翻封建統治、建立公社和實施財產公有原則。在空想社會主義思想史上，除閔采爾參加了德國農民戰爭並在戰敗後被處死這一特例外，在梅里葉之前，所有的空想家都沒有提出用革命和暴力手段建立理想社會的主張。梅里葉在《遺書》中大力宣傳用人民革命和起義的方式殺死暴君、推翻貴族和富人的統治、建立教區公社以及結成公社聯盟等思想，無論在空想社會主義思想史上還是在法國啟蒙思想史上都是比較早和比較激進的，他的打倒暴君的思想在法國大革命中付諸實踐，他的通過革命消滅私有財產制度的思想為馬布利和巴貝夫所繼承，成為後來空想社會主義者中比較激進的派別的傳統。馬布利發展梅里葉的思想，構成一種系統的關於人民有權進行「內戰」的理論。巴貝夫領導的平等派密謀，企圖在資產階級革命中直接實現無產者群眾的政治理想和經濟要求的嘗試，也與梅里葉的激進主張一脈相承。

　　其次，梅里葉關於原始社會是人類「黃金時代」的思想，幾乎被十八世紀法國所有的空想社會主義者接受和信奉。馬布利根據神話傳說和原始基督教中有關人類平等的思想素材，借助於自然法理論，也極力美化人類的原始社會，把重建「黃金時代」當作自己的奮鬥目標，比梅里葉更全面、更系統、更徹底、更理論化地宣揚讓歷史開倒車的思想。摩萊里則通過他的長篇敘事詩《巴齊里阿達》，用烏托邦的文學形式描述了一種實行原始共產主義的「幸福」生活。他也像梅里葉和馬布利一樣，認為原始社會是「黃金時代」，是人類的幸福童年。他說，在「黃金時代」，人們按照自然的安排過著共同勞動、共同享受勞動成果的共產主義生活，自然界按照這種原則把土地留給人們作公有財產，使所有的人都能利用自然這份禮物。他用詩意語言描述說：只是滿足生活需要的東西，用來維持每日的生計和享樂的東西，才屬於個人所有；田地不屬於種田的人，樹木不屬於採果的人，甚至在個人勞動的產品中也只有他使用的部分屬於自己，其餘一切東西，跟人的身體一樣，都屬於大家。總之梅里葉的「黃金時代」思想在馬布利和摩萊里那裏得到發揮，他們極力美化人類原始社會的生活，作為他們要求消滅財產私有制度、實行共產主義原則的歷史依據。唯心主義的歷史觀使他們不能正確解釋原始共產主義存在的物質基礎，不瞭解原始社會的公有制是和當時極低的生產力水平相適應的，因而不能科學地從生產力性質和生產力水平來說明原始社會共同勞動、共同佔有的必然性。

　　最後，梅里葉對十八世紀空想社會主義影響最大的是他所流露的平均主義和禁慾主義傾向，在馬布利、摩萊里和巴貝夫那裏變成了系統的理論，使十八世紀的空想社會主義以倡導平均主義和禁慾主義為特徵。

　　梅里葉幻想建立的共產公社奉行的是共同勞動、平等消費的原則。正如前文所引他在《遺書》中的議論，梅里葉強調公社成員共同享用「同一種食物或相似的食物」、「有同樣好的衣服、鞋子和住所」，同時「每個人都從事他自己的一份勞動和承受生活中的不便和困苦」。梅里葉所設想的公社「幸福生活」，其實是十分有限的，充其量只是使他的公社成員免於餓寒，為此不但必須人人從事生產勞動和像原始社會一樣分享「同一種食物」，還要準備共同忍受「生活中的不便和困苦」。這樣的公社生活圖景，是與梅里葉所生活的法國農村，特別是香檳省貧困落後的農村低下的生產力水平相適應的。存在決定意識。社會存在決定社會意識。梅里葉所生活的時代，既沒有現代化大生產，也沒有發達的現代科學技術，人們不可能預見到社會財富無限增長的可能性，梅里葉只能「因陋就簡」地規劃他的未來公社生活。

　　摩萊里、馬布利、巴貝夫在繼承梅里葉批判私有制形成的社會不平等和建立公有制理想社會原則的同時，也繼承和大大發揮了梅里葉的平均主義和禁慾主義傾向，在他們各自規劃的未來社會生活中，都宣揚絕對的平均主義和粗鄙的禁慾主義。下面我們就以表現在摩萊里著作中的平均主義和表現在馬布利思想中的禁慾主義為典型，分析一下受到梅里葉影響的十八世紀法國空想社會主義思潮的這兩個特點。

　　摩萊里在《自然法典》裏以製定未來社會基本法草案和各種單行法草案的方式設計了他的理想社會原則。其中關於社會生產和消費問題，摩萊里是如此設計的：這個社會的生產活動分為農業和工業兩大類。農業生產是義務勞動，每個公民從年滿20歲起必須從事六年農業勞動，到25歲以後才能轉為工業勞動。這個規定意味著摩

萊里的未來社會沒有職業農民和真正的農村。工業生產在手工業作坊進行，每個行業組成行會，由行長領導。每個公民從10歲起就選擇或分配到某一行業，住在行會的宿舍裏接受技術訓練，15歲成為普通工人，20到25歲完成農業勞動義務以後重新回到作坊作工。各個行業的生產根據社會需要進行，由各級領導人統一計劃管理。這個社會的消費十分嚴峻，一切產品都必須交到公共倉庫或公共市場，原則上平均分配，違者嚴懲不貸。當某些產品數量不足不夠分配時，就暫停分配或減量供應。摩萊里在〈取締豪華法〉和其他一些單行法草案中，還規定城市的街區要大小一樣，房屋的形式要完全相同，30歲以下的人必須穿同樣質料的衣服，服裝的顏色按行業劃分，同一行業的人連衣服的顏色也要完全一樣。他還規定，人們的飲食要節制，衣服不得追求華麗等等。按照摩萊里的設計，這個社會沒有腦力勞動和體力勞動的差別，誰也不能免除參加體力勞動的義務，任何人都不得享有不從事體力勞動的特權，科學研究和文藝活動只能在由個人支配的業餘時間進行。

以上可見，摩萊里把在梅里葉那裏還相當籠統模糊的平均主義傾向，發展為十分具體細緻的法律規定，從而把平均主義推向極端。他的平均主義在生產領域，集中於要求在手工業生產條件下立即廢除社會分工，要求把繁重的農業勞動和所有體力勞動平均分給每一個社會成員，並宣佈以腦力勞動為職業是一種「特權」而必須取消。摩萊里看到了現實社會存在的工業和農業、城市與鄉村、體力勞動和腦力勞動之間的差別和不平等現象。他認為這些現象的存在，除私有制這個根本原因之外，還在於社會不合理的分工，尤其是體力勞動和腦力勞動的對立。為了實現人與人之間的真正平等，他認為必須廢除分工。他不瞭解分工在人類歷史上起過並還將起到巨大的

作用，不懂得分工的存在是與生產發展的一定階段相聯繫的，它的出現是生產發展的結果，它的消滅也必須以生產發展的一定高度為前提。消滅分工將是一個相當長的歷史過程。分工現象不能廢除，而只能自行消亡。雖然上層建築在消滅分工上能起到積極作用，但是分工的消亡有其客觀規律，是不受人的意志支配的。摩萊里以為只要能設想出一套辦法和頒佈幾條法令就能消滅分工，這是十足的幻想。事實上，如果真的按照摩萊里的辦法去做，一定會造成整個社會生產和科學活動的紊亂，降低技術水平和科學水平，給社會的物質生產和精神生產帶來極大的破壞。因為在生產力水平還不很高的情況下，分工對這兩種生產都是必不可少的。總之，摩萊里在十八世紀中葉工場手工業的生產水平下，幻想通過取消職業農民和專業腦力勞動，強制社會成員平均分擔繁重艱苦的體力勞動的辦法，而不是以生產力高度發展為條件，通過使體力勞動與腦力勞動、農業勞動和工業勞動有機地結合起來的途徑，使人類從被迫奴隸般服從的分工中解放出來，其結果不但不可能真正消滅分工和分工所體現的社會不平等現象，而且只能起到阻礙生產力發展、使歷史車輪倒轉的反動作用。摩萊里在生產勞動和社會分工問題上的主張，實質上不過是讓人們為了獲取維持生存的生活必須品而同等地承受勞動的奴役而已。

從消費問題上看，摩萊里要求絕對平均地分配消費品，企圖用帶強制性的嚴格規定的平均主義生活方式，去克服現實社會在財富佔有和消費品分配上的不平等，這種在消費問題上的平均主義錯誤的關鍵在於，他顛倒了生產與分配、生產力與生產關係的關係，他注意的中心不是生產，而是分配和消費，把分配當成了社會變革的決定性因素，並強調平等的重要標誌就是人們在衣食住等方面絕對

平均和機會均等。摩萊里在消費品分配問題的平均主義不僅是一種幻想，而且十分有害。如果按照他的《自然法典》規定的條文去做，實行絕對平均主義的分配制度，在生產力水平還比較低的情況下，必然嚴重壓制生產者的積極性，破壞生產力的發展，導致複雜勞動向簡單勞動看齊，先進向落後看齊。這種削高就低的客觀趨勢只能鼓勵懶惰、游手好閑和不勞而獲，使生產停滯和倒退，其結果必然造成貧窮的普遍化，而在整個社會都陷於極端貧困的情況下，人和人之間也就必然重新開始爭取生活必需品的鬥爭，也就是說，全部陳腐的東西又要死灰復燃。階級分化和階級壓迫、階級剝削就會重新產生，人類從原始共產主義社會走過的歷史就會重演，從而走向摩萊里善良願望的反面。

摩萊里也繼承和發展了梅里葉的禁慾主義傾向，正像馬布利也發展了梅里葉的平均主義傾向一樣，平均主義與禁慾主義是一對孿生兄弟。不過與摩萊里相比，禁慾主義在馬布利的空想思想中表現得更充分、更典型。

馬布利並沒有像《烏托邦》、《太陽城》或《巴齊里阿達》那樣生動形象地描寫他所理想的未來社會生活，也沒有像《自然法典》那樣用幾百條法律細則無微不至地規範未來社會的生活準則，而是通過歷史研究和道德說教表達了他的禁慾主義思想。

馬布利是歷史學家，習慣於從過去設想未來，在美化原始社會「黃金時代」的同時，他特別推崇古希臘的斯巴達社會，認為在斯巴達人那裏可以看到自己理想的影子。他極力美化斯巴達社會，說由於實行土地公有制度，斯巴達人過了六百多年完全平等的生活。他讚揚斯巴達人需要簡單，滿足於平凡的生活，不求舒適，反對奢華，不為追求財富而苦惱，但是他們道德高尚，做事公正，無所畏

懼。馬布利認為人類都應過斯巴達人那樣的生活。他說：我擁護斯巴達人的作法，貧困、自制、節制和勇敢自豪的斯巴達人是幸福的。為了推薦斯巴達人的生活方式，馬布利特別強調要提高人類的道德水平，逐漸克服普遍存在的財富佔有慾。在他看來，人的最高尚的品德莫過於清心寡慾，達到清心寡慾才是人生的最大幸福。因此他說，幸福就在我們自身，而不在我們周圍的事物中。人的需求越少，幸福就越多。他甚至提出，文明程度高的民族應該向落後民族學習，像他們那樣用粗糙的皮子做衣服，走路不必穿鞋，躺在地上睡覺，用最普通的食品充饑等等。

　　馬布利的禁慾主義思想，在他為克服現存社會弊端而提出的社會改革方案中，也有明顯的反映。馬布利認為，私有制已經使人們養成了難以克服的惡習，要立即建立公有制的理想社會是不可能的，他把實現這一目標的希望寄托於將來的「新人」。他認為在十八世紀的法國和歐洲，能夠切實可行的是制定改革綱領，通過立法的途徑縮小社會不平等的差距，為將來建立全新的社會準備條件。他的改革主張主要有：制定「取締豪華法」，反對統治階級驕奢淫逸的生活；禁止經商；改革稅制；取消公務人員的特殊報酬；進行土地改革；限制和取消財產繼承權等幾項內容。馬布利提出的改革主張雖然不是他最終的社會改造計劃，卻具有激進的民主主義性質，與啟蒙運動反封建的主題緊密相連。但是在改革綱領中，馬布利禁止經商的主張卻反映了他的禁慾主義思想。他認為商業刺激了人們的無數需要和引起奢侈享受，從而敗壞社會風氣。同時商人的貪心也會使社會的道德墮落。他說貪婪從來就是商人的道德規範。他認為為了改造社會和提高整個民族的道德水平，必須禁止商業活動。他主張用自然經濟代替資本主義商品經濟，幻想歷史車輪倒轉，號召人

們減少需要，做到無求於人。此外，馬布利還提到製定一項「減少需要和提倡生活樸素的法律」，更明顯地表達了他的禁慾主義主張，不過他沒有進一步論述具體內容。

禁慾主義是十八世紀法國空想社會主義的基本特徵之一，這種棄絕一切合理享受的思想在早期的空想著作中已經流露出來，在梅里葉的《遺書》中也有明顯表現，但在馬布利的著作中變得十分集中和典型。對禁慾主義，正如對平均主義一樣，應該作歷史的具體的分析。首先必須看到，馬布利的禁慾主義與僧侶的苦行主義是有本質區別的。宗教所宣揚的禁慾和苦行，是封建統治者維持反動統治的手段，是虛偽的教條，與剝削階級的窮奢極慾互為表裏。「禁慾」既是剝削階級「縱慾」的點綴，又是他們欺騙勞動群眾的鴉片。其次應該注意，由梅里葉開其端，以馬布利為典型的十八世紀空想社會主義者所倡導的禁慾主義，反映的是農民小生產者的思想影響，是與他們同樣倡導的平均主義相伴而生的，提倡禁慾主義是貫徹他們平均主義社會主張的理論需要。梅里葉、摩萊里、馬布利都認為，階級壓迫、剝削和社會不平等現象的出現，根本原因是私有制所刺激起來的人們的物質慾望壓倒了理性，所以要建立公有制，要根除奴役和實現平等，就必須斫伐人們的慾望，恢復理性的權威。同時，在生產不發展，生活資料不豐富的情況下，要貫徹平均主義，尤其是要實行平均分配消費品，就只能普遍限制消費水平，禁絕一切除維持生存之外的合理享受。馬布利宣揚禁慾主義，實際上是企圖通過道德的說教彌補物質的不足，用對平等的信仰克服人們追求幸福生活的願望。他的這種不從發展生產方面尋找出路，而一味要求勒緊褲腰的思想方法，正反映了農民等小生產者的保守性，是他們狹隘的生產方式和生活方式所決定的狹隘的思想方式的生動表

現。

　　巴貝夫是十八世紀法國空想社會主義的最後一位代表人物，他不但在「革命」問題上深受梅里葉影響，還公開宣稱自己是《自然法典》作者的學生，他的「平等觀」綜合了梅里葉和摩萊里的平均主義思想，在西方早期社會主義思想史上佔有相當地位。在法國大革命過程中，巴貝夫所建立的以「平等派」為標誌的密謀組識中，七個核心成員之一的馬雷沙爾既是梅里葉的傳記作者，又是梅里葉的熱烈崇拜者，一再撰文宣揚梅里葉的事蹟和精神。可以說，在巴貝夫及其「為平等而密謀」的小組織中，梅里葉的影響無處不在。

梅里葉年表

1664年　　誕生

讓‧梅里葉 (Jean Meslier) 出生於法國香檳省馬澤爾尼村一個亦工亦農的手工毛紡織工匠家庭。

梅里葉少年時代從教區神父那兒接受初等教育，後入里姆 (Rheims) 教區的宗教學校深造。父母希望兒子將來謀得教職作個神父，以擺脫封建等級壓迫下農民的無權地位。

1685年　　21歲

在里姆宗教學校埋頭讀書，攻讀拉丁文和教士必讀的神學著作，並被逐級提升。這一年任教堂輔禮員。

1686年　　22歲

初升為誦經士，再升為教堂助理。

1687年　　23歲

2月13日，其父簽署贈產證書，將馬澤爾尼村的住房連同宅旁園地贈予兒子梅里葉，同時按慣例由教區神父在作彌撒時公開三讀確認，並附教區神父的文字證詞。

當時還在宗教學校攻讀神學的梅里葉要想嗣後出任神父，必須具備最低限額財產資格，贈產證書正是為此簽署的。

這一年梅里葉從里姆宗教學校畢業，被授予神父教職。

1689年　　25歲

被委派負責香檳省埃特列平低級教區的宗教事務。這個小教區
管轄只有一百五十戶人家的埃特列平村和附近更小的巴列夫
村。

梅里葉終於按父母意願當了神父。此後四十餘年他一直擔任這
個職務直至與世長辭，既未升遷，也無調動。他恪守教職要求，
經年為貧苦的教民服務，不巧取豪奪，還盡力幫助窮人，受到
教民擁戴。

1716年　　52歲

介入當地領主德・杜里與農民的糾紛，為被壓迫的農民仗義執
言，在佈道時攻擊貴族統治。為此與封建領主發生衝突並遭到
教區大主教德・馬伊的訓斥和處罰：在里姆宗教學校「幽居」
一個月。

1722年－1726年　　58－62歲

在此期間有巴黎之行。去巴黎的目的是會見老朋友比尤夫葉長
老，討論和交換對新出版的一部護教著作的看法。

巴黎之行開闊了梅里葉的眼界，感受到巴黎知識界剛剛興起的
啟蒙之風，促使他決心把隱藏多年的真實思想公諸於世。

巴黎之行是這位鄉村神父一生唯一一次遠行。幾十年漫長歲月
中，梅里葉一直默默無聞地與他的農民教徒生活在一起。他瞭
解他的尚未破產或已經破產淪為僱傭無產者的農民兄弟在敲
骨吸髓的封建壓榨下的痛苦生活，同情他們的不幸命運，切齒
痛恨封建制度和它的精神支柱天主教會勢力，形成唯物論和無
神論的哲學思想以及徹底消滅剝削壓迫的社會主張。

1729年　　逝世

這年五月，梅里葉與世長辭，享年65歲。

梅里葉巴黎之行以後面臨喪失視力的危險。這促使他加快把自己的唯物論和無神論思想訴諸文字的計劃。逝世之前，他寫好了按譯成中文計算約七十萬字的著作，並工整謄抄三份，每份裝訂為一大冊，封面上題為：「埃特列平村與巴列夫村的鄉村神父讓・梅里葉教士思想和見解的筆記，記人的行為和管理人民中的錯誤和迷誤」，這就是梅里葉的遺著《遺書》。梅里葉的遺著獲得《遺書》這麼一個響亮的書名歸功於十八世紀法國啟蒙運動的泰斗伏爾泰。

梅里葉逝世第二年，《遺書》手抄本開始秘密流傳。

四〇年代初伏爾泰摘錄《遺書》手抄本中有關反對宗教迷誤和揭露天主教欺騙性、虛偽性的內容，編輯成文字流暢、便於流傳的摘要本，先是與《遺書》全文一道以手抄本形式流傳，1761年伏爾泰又把他的這個摘要本付印並廣為散發。

1772年霍爾巴赫編的另一《遺書》摘要本也出版發行，並受到熱烈歡迎，一再重印。

1793年11月17日，處於大革命高潮時期的法國國民議會通過「為香檳省埃特列平神父、即第一個有勇氣率直地抨擊宗教迷誤的神父讓・梅里葉建立雕像」的決議。

1864年《遺書》全文在阿姆斯特丹首次正式出版，此時距梅里葉逝世已經一百三十五年。

參考書目

(一) 中 文

梅里葉:《遺書》三卷本，中文版，陳太先、睦茂譯，北京，1959。

王樹人、李鳳鳴編:《西方著名哲學家評傳》第五卷，山東，1984。

中國社會科學院哲學研究所西方哲學史研究室編:

《外國哲學史研究集刊》第三輯，上海，1980。

《外國哲學史研究集刊》第八輯，上海，1987。

葛力:《十八世紀法國唯物主義》，上海，1982。

卡西勒:《啟蒙運動》，中文版，顧偉銘等譯，山東，1988。

波爾什涅夫:《梅葉傳》，中文版，汪守本、李來譯，北京，1993。

沃爾金:《十八世紀法國社會思想的發展》，中文版，楊穆、金穎譯，
　　北京，1983。

米涅:《法國革命史》，中文版，北京編譯社譯，鄭福熙校，北京，
　　1991。

李鳳鳴、姚介厚:《十八世紀法國啟蒙運動》，北京，1982。

李鳳鳴:《伏爾泰》，臺北，1995。

李鳳鳴:《空想社會主義思想史》，上海，1980。

呂大吉：《西方宗教學說史》，北京，1994。

傅樂安：《托馬斯・阿奎那基督教哲學》，上海，1990。

（二）西　文

Ch. Nodier, *Mélanges extraits d'une petite bibliotèque*. Paris, 1829, Chap. XXI, Du Curé Meslier, de ses manuscrits et de leur anthenticité relative.

R. Charles, "Préface" (K KH. *Le Testament de Jean Meslier* Amsterdam, 1864).

D. Mornet, *Les origines intellectuelles de la Révolution Francaise*. Paris, 1933.

B. Malon, "Jean Meslier, Communiste et révolutionaire." La Revue Socilaiste, N 44, v. VIII, 1888.

A. Lichtenberger. *Le Socialisme au XVIII−e siècle*. Paris,1895.

G. Lanson, *Questions diverses sur l'histoire de l'esprit philosophique en France avant 1750*. RHZ(1912), XIX, 1−29, 293−317.

J. Haar, *Jean Meslier und die Beziehungen von Voltaire und Holbach zu ihm* (Dissertation). Hamburg, 1928.

A. Morehouse, *Voltaire and Jean Meslier*. London, 1936.

C. Gruenberg, "Jean Meslier, un précurseur oublié de socialisme contemporain." Revue d'Economie politique, Paris, 1884, V. II.

Petifils, *Un socialiste revolutionnaire au commencement du XVIII−e siècle: Jean Meslier*. Pairs, 1905.

Voltaire, *Oeuvres Complètes*. Correspondance, t. X, XI. Garnier P.
1881.

索　引

一、人名索引

六　劃

七　劃

八　劃

二、學術學術名詞索引

六　劃

七　劃

八　劃

世界哲學家叢書（一）

書　　　　　名	作　　　者	出　版　狀　況
孔　　　　　子	韋　政　通	已　　出　　版
孟　　　　　子	黃　俊　傑	已　　出　　版
荀　　　　　子	趙　士　林	已　　出　　版
老　　　　　子	劉　笑　敢	已　　出　　版
莊　　　　　子	吳　光　明	已　　出　　版
墨　　　　　子	王　讚　源	已　　出　　版
公　孫　龍　子	馮　耀　明	排　　印　　中
韓　　　　　非	李　甦　平	已　　出　　版
淮　　南　　子	李　　　增	已　　出　　版
董　　仲　　舒	韋　政　通	已　　出　　版
揚　　　　　雄	陳　福　濱	已　　出　　版
王　　　　　充	林　麗　雪	已　　出　　版
王　　　　　弼	林　麗　真	已　　出　　版
郭　　　　　象	湯　一　介	已　　出　　版
阮　　　　　籍	辛　　　旗	已　　出　　版
劉　　　　　勰	劉　綱　紀	已　　出　　版
周　　敦　　頤	陳　郁　夫	已　　出　　版
張　　　　　載	黃　秀　璣	已　　出　　版
李　　　　　覯	謝　善　元	已　　出　　版
楊　　　　　簡	鄭　曉　江 李　承　貴	已　　出　　版
王　　安　　石	王　明　蓀	已　　出　　版
程顥、程頤	李　日　章	已　　出　　版
胡　　　　　宏	王　立　新	已　　出　　版
朱　　　　　熹	陳　榮　捷	已　　出　　版
陸　　象　　山	曾　春　海	已　　出　　版

世界哲學家叢書（二）

書　　　　　名	作　　　者	出　版　狀　況
王　　廷　　相	葛　榮　晉	已　　出　　版
王　　陽　　明	秦　家　懿	已　　出　　版
李　　卓　　吾	劉　季　倫	排　　印　　中
方　　以　　智	劉　君　燦	已　　出　　版
朱　　舜　　水	李　甦　平	已　　出　　版
戴　　　　　震	張　立　文	已　　出　　版
竺　　道　　生	陳　沛　然	已　　出　　版
慧　　　　　遠	區　結　成	已　　出　　版
僧　　　　　肇	李　潤　生	已　　出　　版
吉　　　　　藏	楊　惠　南	已　　出　　版
法　　　　　藏	方　立　天	已　　出　　版
惠　　　　　能	楊　惠　南	已　　出　　版
宗　　　　　密	冉　雲　華	已　　出　　版
永　明　延　壽	冉　雲　華	已　　出　　版
湛　　　　　然	賴　永　海	已　　出　　版
知　　　　　禮	釋　慧　岳	已　　出　　版
嚴　　　　　復	王　中　江	已　　出　　版
康　　有　　為	汪　榮　祖	已　　出　　版
章　　太　　炎	姜　義　華	已　　出　　版
熊　　十　　力	景　海　峰	已　　出　　版
梁　　漱　　溟	王　宗　昱	已　　出　　版
殷　　海　　光	章　　　清	已　　出　　版
金　　岳　　霖	胡　　　軍	已　　出　　版
張　　東　　蓀	張　耀　南	已　　出　　版
馮　　友　　蘭	殷　　　鼎	已　　出　　版

世界哲學家叢書（三）

書　　　　名	作　　者	出　版　狀　況
牟　　宗　　三	鄭　家　棟	排　印　中
湯　　用　　彤	孫　尚　揚	已　出　版
賀　　　　麟	張　學　智	已　出　版
商　　羯　　羅	江　亦　麗	已　出　版
辨　　　　喜	馬　小　鶴	已　出　版
泰　　戈　　爾	宮　　　靜	已　出　版
奧羅賓多·高士	朱　明　忠	已　出　版
甘　　　　地	馬　小　鶴	已　出　版
尼　　赫　　魯	朱　明　忠	已　出　版
拉達克里希南	宮　　　靜	已　出　版
李　　栗　　谷	宋　錫　球	已　出　版
空　　　　海	魏　常　海	排　印　中
道　　　　元	傅　偉　勳	已　出　版
山　鹿　素　行	劉　梅　琴	已　出　版
山　崎　闇　齋	岡　田　武　彥	已　出　版
三　宅　尚　齋	海老田輝巳	已　出　版
貝　原　益　軒	岡　田　武　彥	已　出　版
荻　生　徂　徠	王　祥　齡　劉　梅　琴	排　印　中
石　田　梅　岩	李　甦　平	已　出　版
楠　本　端　山	岡　田　武　彥	已　出　版
吉　田　松　陰	山口宗之	已　出　版
中　江　兆　民	畢　小　輝	已　出　版
蘇格拉底及其先期哲學家	范　明　生	排　印　中
柏　　拉　　圖	傅　佩　榮	已　出　版
亞　里　斯　多　德	曾　仰　如	已　出　版

世界哲學家叢書（四）

書　　　　　名	作　　者	出　版　狀　況
伊　壁　鳩　魯	楊　　適	已　出　版
愛　比　克　泰　德	楊　　適	排　印　中
柏　羅　丁	趙　敦　華	已　出　版
伊　本　·　赫　勒　敦	馬　小　鶴	已　出　版
尼　古　拉　·　庫　薩	李　秋　零	已　出　版
笛　卡　兒	孫　振　青	已　出　版
斯　賓　諾　莎	洪　漢　鼎	已　出　版
萊　布　尼　茨	陳　修　齋	已　出　版
牛　　　　　頓	吳　以　義	排　印　中
托　馬　斯　·　霍　布　斯	余　麗　嫦	已　出　版
洛　　　　　克	謝　啓　武	已　出　版
巴　克　萊	蔡　信　安	已　出　版
托　馬　斯　·　銳　德	倪　培　民	已　出　版
梅　里　葉	李　鳳　鳴	已　出　版
狄　德　羅	李　鳳　鳴	排　印　中
伏　爾　泰	李　鳳　鳴	已　出　版
孟　德　斯　鳩	侯　鴻　勳	已　出　版
施　萊　爾　馬　赫	鄧　安　慶	已　出　版
費　希　特	洪　漢　鼎	已　出　版
謝　　　　　林	鄧　安　慶	已　出　版
叔　本　華	鄧　安　慶	已　出　版
祁　克　果	陳　俊　輝	已　出　版
彭　加　勒	李　醒　民	已　出　版
馬　　　　　赫	李　醒　民	已　出　版
迪　　　　　昂	李　醒　民	已　出　版

世界哲學家叢書（五）

書　　　　　名	作　　者	出　版　狀　況
恩　　格　　斯	李　少　樓	已　　出　　版
馬　　克　　思	洪　鎌　德	已　　出　　版
約　翰　彌　爾	張　明　貴	已　　出　　版
狄　　爾　　泰	張　旺　山	已　　出　　版
弗　洛　伊　德	陳　小　文	已　　出　　版
史　賓　格　勒	商　戈　令	已　　出　　版
韋　　　　　伯	韓　水　法	已　　出　　版
胡　　塞　　爾	蔡　美　麗	已　　出　　版
馬克斯・謝勒	江　日　新	已　　出　　版
海　　德　　格	項　退　結	已　　出　　版
高　　達　　美	嚴　　　平	已　　出　　版
盧　　卡　　奇	謝　勝　義	排　　印　　中
哈　伯　馬　斯	李　英　明	已　　出　　版
榮　　　　　格	劉　耀　中	已　　出　　版
皮　　亞　　傑	杜　麗　燕	已　　出　　版
索　洛　維　約　夫	徐　鳳　林	已　　出　　版
費　奧　多　洛　夫	徐　鳳　林	已　　出　　版
別　爾　嘉　耶　夫	雷　永　生	已　　出　　版
馬　　賽　　爾	陸　達　誠	已　　出　　版
阿　　圖　　色	徐　崇　溫	排　　印　　中
傅　　　　　科	于　奇　智	排　　印　　中
布　拉　德　雷	張　家　龍	已　　出　　版
懷　　特　　海	陳　奎　德	已　　出　　版
愛　因　斯　坦	李　醒　民	已　　出　　版
皮　　爾　　遜	李　醒　民	已　　出　　版

世界哲學家叢書 （六）

書　　　　　　名	作　　　者	出　版　狀　況
玻　　　　　爾	戈　　革	已　　出　　版
弗　　雷　　格	王　　路	已　　出　　版
石　　里　　克	韓　林　合	已　　出　　版
維　根　斯　坦	范　光　棣	已　　出　　版
艾　　耶　　爾	張　家　龍	已　　出　　版
奧　　斯　　丁	劉　福　增	已　　出　　版
史　　陶　　生	謝　仲　明	已　　出　　版
馮　‧　賴　特	陳　　波	已　　出　　版
赫　　　　　爾	孫　偉　平	已　　出　　版
愛　　默　　生	陳　　波	已　　出　　版
魯　　一　　士	黃　秀　璣	已　　出　　版
普　　爾　　斯	朱　建　民	排　　印　　中
詹　　　姆　　士	朱　建　民	已　　出　　版
蒯　　　　　因	陳　　波	已　　出　　版
庫　　　　　恩	吳　以　義	已　　出　　版
史　蒂　文　森	孫　偉　平	已　　出　　版
洛　　爾　　斯	石　元　康	已　　出　　版
海　　耶　　克	陳　奎　德	排　　印　　中
喬　姆　斯　基	韓　林　合	已　　出　　版
馬　克　弗　森	許　國　賢	已　　出　　版
尼　　布　　爾	卓　新　平	已　　出　　版